极简罗马史

A Brief History of Rome

金 文◎著

沈阳出版发行集团
沈阳出版社

图书在版编目（CIP）数据

极简罗马史 / 金文著 . — 沈阳：沈阳出版社，2017.6
ISBN 978-7-5441-8544-8

Ⅰ．①极… Ⅱ．①金… Ⅲ．①古罗马－历史 Ⅳ．①K126

中国版本图书馆 CIP 数据核字（2017）第 153029 号

出版发行：沈阳出版发行集团 ｜ 沈阳出版社
　　　　　（地址：沈阳市沈河区南翰林路 10 号　　邮编：110011）
网　　址：http://www.sycbs.com
印　　刷：北京中振源印务有限公司
幅面尺寸：145mm×210mm
印　　张：8.5
字　　数：200 千字
出版时间：2017 年 8 月第 1 版
印刷时间：2017 年 8 月第 1 次印刷
选题策划：郑　为
责任编辑：王冬梅
封面设计：回归线视觉传达
责任校对：孙　泽
责任监印：杨　旭

书　　号：ISBN 978-7-5441-8544-8
定　　价：38.00 元

联系电话：024-24112447
E-mail：sy24112447@163.com

本书若有印装质量问题，影响阅读，请与出版社联系调换。

序 言
PREFACE

提到罗马你会想到什么？是著名的谚语"条条大路通罗马"，还是角斗士的竞技场，抑或是率领奴隶起义的勇士斯巴达克斯？没错，这些在古罗马史里都有记载，不过这仅仅是古罗马史的冰山一角。

罗马兴起于一个小城邦，经过不断的对外征服和战争，扩张成为横跨欧洲、亚洲、非洲三大洲的强大帝国，到公元3世纪成为西起不列颠，东至小亚细亚，北达多瑙河、莱茵河，南抵埃及，整个地中海成为其内海的庞大罗马帝国。论智力，古罗马人不及给后世留下灿烂文化遗产的希腊人；在技术方面，古罗马人修个下水道都得请伊特鲁里亚人帮忙；要说经商能力，古罗马人只有望着迦太基人那茂盛的无花果园感叹的份儿；至于体力，古罗马人也一样不济，根本比不上身材魁梧的日耳曼人……可为什么古罗马人还是一一打败了这些对手,逐渐发展成为一个世界顶尖强国呢?

罗马人的韧性是很强的。罗马的农人都视国家为自己最高荣耀,愿意为了保护自己的土地而献身。所有的一切都是建立在能忍受牺牲却永不言败的罗马公民的基础上的,而公民不再为罗马献身之时便是罗马灭亡之日。

古罗马的成功在于政体演变和财富分配,宗教发展和军力增长的综合支撑,而财富的合理有效分配极大地决定了其他诸要素的正常运转。罗马由共和到帝制、由民主到专制并不是历史巧合,而是经过利弊权衡、多方博弈后的一种最优选择。但即便如此,古罗马最终还是衰败分裂,其原因并不单纯是末代君王昏庸无能、天灾人祸难以预见。

在大规模军事扩张的进程中,罗马人不知不觉中被胜利冲昏了头脑,变得懒惰、贪婪、放纵、奢侈……提起对外战争给罗马带来的影响,古罗马历史学家李维痛心疾首地说:"对亚洲的战争是使统治者变得奢华的开端。因为这些战争,国内第一次出现了贵重的地毯、丝绸,第一次让歌女为宾客助兴……"

"五贤帝"时代,虽然当时正处于罗马帝国的黄金时代,但是罗马人的淳朴之风早已荡然无存,赤裸裸的拜金主义开始盛行,所有人都紧盯着自己的钱袋,都开始贪图享乐,而不再追求名誉和平等。

"世间没有什么能够永恒。"这是"地下死城"庞贝城里铭刻的一句话。是的,没有什么能够永恒,"永恒之城"罗马也不例外,在巍然屹立了1000多年之后,曾经盛极一时的罗马帝国,随着君士坦丁堡的沦陷而成为历史。

事实上，当国家发展到一定程度，由于国家财富积累与国民自我肯定需求的极大不平衡，导致各种社会矛盾开始凸显并持续激化，最终使得罗马帝国衰败倾覆。

反思古罗马的衰亡，无疑能够使智者从中吸取经验教训，让自己永葆活力。以史为鉴，以免重蹈历史的覆辙，这也正是人们研究历史的意义和价值之所在。因此，在古罗马衰亡之后，人们一刻也没有停止对这段历史的反思。时间相隔越久，人们的眼光越客观。历史殷鉴不远，世人当认真思之。

目 录
CONTENTS

第一章　古罗马的辉煌与文明

城邦起源的动人传说　　　　　　　　002
先进的给排水系统　　　　　　　　　004
公共浴场　　　　　　　　　　　　　007
古罗马的建筑　　　　　　　　　　　010
"条条大路通罗马"的盛况　　　　　　013
庞贝古城　　　　　　　　　　　　　015
服饰和时尚　　　　　　　　　　　　018

第二章　罗马王政时期

罗穆路斯创建"永恒之城"　　　　　　024
萨宾事件　　　　　　　　　　　　　028
一代明君：努玛·庞皮留斯　　　　　033
扩张之路：攻克阿尔巴隆加城　　　　037
塔克文王朝　　　　　　　　　　　　040
塞尔维乌斯：推动罗马从氏族到国家的转变　　044
王政时代的末路　　　　　　　　　　048

第三章　三权分立：共和制的形成

- 布鲁特斯建立共和制　056
- 贵族阶层的权力　061
- 平民阶级争取平等权利　064
- 第一部成文法——《十二铜表法》　069

第四章　伤痛中求生：古罗马人捍卫家园

- 维爱战争　074
- 野蛮的高卢人入侵罗马　078
- 《李锡尼法》的诞生　082
- 三次萨莫奈战争　086
- 皮洛士的"胜利"　091

第五章　大刀阔斧的军事扩张

- 夺取西西里岛，开启地中海遨游之旅　098
- 战神汉尼拔　103
- 蚕食马其顿　107
- 结束布匿战争，征服迦太基　112

第六章　独裁统治拉开序幕

- 平民与贵族贫富两极分化　118
- 马略改革　122
- 第一代独裁者——苏拉　126
- 前三头同盟　131

"无冕之王"——恺撒大帝 135
斯巴达克起义 140
从共和政体转向君主专制 143
奥古斯都的无奈:白发人送黑发人 147

第七章　朱里亚·克劳狄王朝

深沉严苛的提比略 154
放荡成性的卡利古拉 158
凡事采取中庸之道的克劳狄 163
臭名昭著的尼禄 167
专制色彩浓厚的《皇帝法》推行人——韦斯帕芗 171

第八章　安敦尼王朝时期的五位贤帝

宽厚的第一位君主,开创养子继承制 176
战功赫赫的图拉真 179
最具艺术家气质的皇帝 183
让百姓安居乐业的明君 188
写下《沉思录》的皇帝:马可·奥勒留 191

第九章　瘫痪的帝国:从内部开始腐朽

"三世纪危机"拉开序幕 198
奴隶制经济崩溃,军队纵兵殃民 202
难以承受的赋税之重 206
基督教法定地位的确立 210

转瞬即逝的曙光：尤利安远征波斯　　214

　　古罗马的学校教育　　219

第十章　罗马帝国分裂

　　西部帝国轰然倒塌　　224

　　东罗马的短暂和平　　228

　　伦巴底人统治下的"次等公民"　　231

　　罗马的工商业发展　　235

第十一章　罗马帝国的终曲

　　希拉克略王朝改革求存　　240

　　"希腊火"带来的和约　　244

　　牧民出身的利奥三世　　247

　　由山民开创的一段神话——马其顿王朝　　250

　　罗马皇帝和教会的百年纷争　　254

　　占星术与基督教　　259

第一章

古罗马的辉煌与文明

城邦起源的动人传说

古罗马人的历史是围绕着特洛伊城沦陷的神话故事展开的。

特洛伊城位于小亚细亚半岛西端,是今天的土耳其城市希萨利克的前身。在希腊神话传说中,它是天神宙斯之子达耳达诺斯建立的,在公元前13世纪—公元前12世纪已经是一座非常繁荣的城市了。不仅如此,它还是海上交通要道,所有往来爱琴海与黑海之间的商船都必须通过此地。这样一座既重要又富饶的城市,无疑就像一件珍宝,令与它只有一海之隔的希腊一直想将它据为己有。

机会终于来了。大约是公元前1193年的一天,特洛伊王子帕里斯"拐走"了美貌绝伦的斯巴达王后海伦,于是希腊迈锡尼国王阿伽门农就以主持公道为由,对特洛伊城发起了进攻。不过,由于特洛伊城城池牢固,易守难攻,希腊军攻打了10年都未能如愿。一筹莫展之际,阿伽门农接受了武将奥德修斯献上的一条计策:让迈锡尼士兵烧毁营帐,登上战船离开,造成撤军的假象,并故意把一个藏有士兵的大木马"落"在城下。特洛伊人果然中计,还把木马当作战利品拖进城里。

当天晚上,正当特洛伊人欢庆胜利时,藏在木马里的迈锡尼士兵悄悄地溜出来打开了城门。埋伏在城外的希腊军队一拥而入，对特洛伊人大开杀戒，然后放火烧城。一夜之间，特洛伊城就成了一片废墟。城里的人大多遇害，少数侥幸存活下来的人，都被迫做了希腊人的奴隶，只有特洛伊王的女婿埃涅阿斯和他的老父亲、儿子等几个人侥幸逃脱。据罗马神话记载，埃涅阿斯是爱神维纳斯和特洛伊将领安基塞斯的儿子，维纳斯不忍心坐视自己的儿子与希腊士兵兵戎相见，就设法挽救了埃涅阿斯等人。

来到城外之后，埃涅阿斯一行人受到众神的指引，沿着海岸线一路北上。在经过北非古国迦太基时，埃涅阿斯受到女王狄朵的热情款待，并且对她产生了好感。而狄朵也希望埃涅阿斯能够留下来，与她一起治理国家。可是，这时诸神的使者墨丘利奉众神之首朱庇特的命令来到埃涅阿斯面前，建议他悄悄地离开迦太基。于是，埃涅阿斯不辞而别，继续向北前进。

狄朵得知此事，特地筑了一座火葬用的台子，然后站在台子上下了这样一个诅咒：迦太基人将永远与特洛伊人为敌。接着，她就挥刀自杀了。也许正因为她的诅咒，后来罗马人和迦太基人才会连年征战。

离开迦太基之后，埃涅阿斯一行人继续北上。在他们到达亚平宁半岛之后，当地国王不但对埃涅阿斯礼貌有加，还按照神的指示把女儿许配给他为妻。于是，逃亡者终于有了安身之所。不但如此，他们的后代还让自己的家族焕发了勃勃生机。

埃涅阿斯死后，他那曾经与他一起逃亡的儿子阿斯卡尼俄斯继承了王位。大约当了30年的国王之后，阿斯卡尼俄斯认为当地已经不足以满足他的要求，就到另一个地方建立了一座新城，它就是与后来的"永恒之城"罗马具有深厚渊源的阿尔巴隆加城。此后又经过漫长的岁月，直到公元前753年，阿斯卡尼俄斯的后代罗穆路斯才正式建立了罗马王国。

先进的给排水系统

世界各地许多城市一到雨季都会不约而同地面临这样一个难题——内涝。许多城市因为连日的阴雨变成了"水城"，既给市民的生活带来了不便，也让细菌和疾病变得容易传播，严重的内涝还会造成无法估量的财产损失，甚至夺去人的生命。这一现象，暴露出一个不容忽视的问题：地下排水系统滞后。法国作家维克多·雨果在他的小说《悲惨世界》中写道："下水道是城市的良心。"每到雨季就经不住考验的城市，是否"良心缺失"呢？在沉思之余，有必要向古罗马人学习一下，他们开创了给排水系统文明史。

从罗马城建立到公元前4世纪，罗马人都像古代的其他民族一样，主要使用井水、泉水、溪水和雨水。为了积蓄雨水，他们用石头砌了一个个圆形或方形的井；为了灌溉农田，他们修建了引水渠。

如果条件允许，罗马人会贴着地面修建引水渠，这样的渠叫明渠；如果条件不允许，也只好先修好渠道，再用土把它盖上，称之为暗渠。罗马人长期使用这种引水渠，直到公元前312年，财务官阿庇乌斯修建了阿皮亚水道，罗马才有了第一条高架引水渠。

阿皮亚水道全长约16公里，其中地上部分只有89米，其余部分都位于地下16米处。当时没有消毒剂，主持修建水道的人不但要保证水道设计的合理性，还要保证水源是安全无毒的，并设法过滤、沉淀杂质。据古罗马时期的资料记载，阿皮亚水道输送的水不但水质好，而且每天送水达7.3万立方米，至少可以保证一部分居民的正常用水。

随着疆域不断扩大，罗马的人口越来越多，用水量也随着增加，因此罗马人的引水渠也越修越多、越修越长。公元前144年，罗马人修建了第一条高架引水明渠——马西安沟渠。这条明渠全长90公里，其中空架桥部分长达16公里，主要用来向罗马城输送饮用水。

公元64年，罗马发生了一次火灾。由于罗马的房屋是用木头等材料建成的，街道又非常拥挤，所以大火迅速蔓延开来，几乎把整个罗马城都烧毁了。这场火灾让罗马政府不得不重新进行城市规划，规定罗马城里的所有房屋都必须配备引水设施，以便火灾发生时能够及时扑灭着火点，保障城市安全。

从公元前312年到公元226年这500多年里，罗马城先后修建了11条大型的输水管道，水源大多是罗马城周边的河流、湖泊和泉水。它们除了供给必要的生活用水之外，还能满足公共浴室和公共喷泉的用水，以及预防火灾用水，给罗马居民的生活带来了极大的便利。而且这些水都是免费的，居民们随时随地都可以从公用水池里取用。当然了，如果有谁想把水引到自己家里，就得像现代人一样支付水费。

除了给水系统之外，罗马人修建的排水系统也非常复杂、庞大。为什么罗马人如此重视给排水系统呢？

古罗马给排水系统的历史，可以追溯到2500年前。公元前6世纪左右，在国王塔克文的组织下，伊特鲁里亚人用岩石砌了多条地下渠道，把罗马城内由暴雨汇成的洪流排到了城外。其中最大的一条地下渠道，横截面大约4米见方，它以罗马广场为起点，通向台伯河。

由于当时医疗条件十分落后，再加上罗马人一向轻视医生，认为清洁能够预防疾病，因此浴场得以发展。而随着浴场的兴起，不但要解决大量输入净水的问题，还要设法排出同样多的污水，于是大型的排污渠随之出现。

公共厕所的大量涌现，是修建排污渠的客观结果。由于当时很少有人能够把引水渠连到自己家里，再加上罗马人认为家庭厕所不干净，所以他们大多用尿壶或便盆装大小便，然后倒在路边或专用的马车上，于是，公共厕所开始在罗马盛行。为了便于冲洗，公共厕所往往都建在公共浴场旁边。这时，排污渠不但能够起到清洁的作用，还能把厕所里的粪便引到农田里，让土地变得更加肥沃，从而提高农作物的产量。

先进的给水系统和排水系统，能迅速把积水排出去，让城市保持正常运转。所以一到雨季，罗马人根本不必担心城市会因为内涝而瘫痪，更不必担心洪涝灾害之后会不会有传染病……有"良心"的城市都应该具备这样的给排水系统。

公共浴场

古罗马人的生活虽平淡,但并不乏味,他们的爱好之一就是洗澡。古罗马人不论男女老少、地位高低,都离不开浴场,都喜欢流连于浴池之中,因此有人称他们为"泡在浴室里的罗马人"。

为什么罗马人如此爱洗澡?首先是因为罗马人普遍认为清洁可以保持健康,其次是因为洗澡能够缓解疲劳,让人身心放松,同时也打发了时间。鉴于这些因素,罗马人在浴场建设上投入的人力和物力也多于一般建筑,而且内部装潢非常讲究。

那些豪门大户,大多建有豪华浴室,可以专享私人空间,但是普通百姓只能光顾公共浴场。好在公共浴场的建筑也不马虎,从地面到墙壁都是用光滑的大理石铺设而成的,墙上还装饰着精美的绘画,屋顶是由玻璃覆盖的穹形屋顶,以便于采光。天气晴朗的时候,浴池里亮堂堂的,人们不但能够享受到蒸汽浴、冷热水浴,还能享受到日光浴。

罗马帝国时期,公共浴池面向男女老少开放,而且一般只需要一个铜板就可以进去。有些皇帝和贵族为了博得乐善好施的美名,甚至慷慨地把他们所控制的浴场免费对连一个铜板也掏不出来的穷人开放。公元前33年,奥古斯都的得力助手兼女婿阿格里帕在罗马开办了第一家豪华的公共浴池,在开业当年,他就为所有人提供了免费洗浴服务。

到公元4世纪时，罗马城的公共浴场已经超过1000家，而最重要的大型公共浴场只有两个，一个是卡拉卡拉浴场，另一个是戴克里先浴场，二者均以兴建者的名字命名。

卡拉卡拉浴场建于公元212—公元216年，是嗜血成性的暴君卡拉卡拉为了争取民心，不经政府预算私自建造的，主要供罗马市民使用。浴场占地11公顷，内设更衣室、浴室、桑拿池等，可供1600人同时洗浴。浴室的供暖使用的是火炕供暖系统，这是一种在地下烧木柴或煤块来给水加热的系统，属于罗马人的一项独特发明，直到19世纪时依然有人使用。为了让洗浴者眼前清静，锅炉房、仓库、奴仆休息室都设在地下。

除了用于洗浴之外，卡拉卡拉浴场还是一个娱乐休闲场所，其中设有图书馆、演讲厅、花园、游泳池、竞技场、休息厅、健身房，浴场外面还有购物中心，与现代的大型娱乐休闲中心几乎没什么区别。

一般情况下，男人和女人是错开时间洗浴的，女人往往在中午前后洗，男人则在下午洗。下午是黄金时段，多数人会在浴场里逗留到晚餐时间。在此期间，必要的饮食供应是少不了的，因此浴场里还设有餐馆、酒吧等休闲场所，专供在此憩息的客人消磨时光。不过，卡拉卡拉当政期间，却允许男女混浴，以至于出现了一些伤风败俗的越轨行为，把浴场里搞得乌烟瘴气。半个世纪之后，男女混浴的糜烂之风才被禁止。

虽然卡拉卡拉本人臭名昭著，但是由他主持兴建的卡拉卡拉浴场非常杰出，是人类建筑史上的瑰宝。古罗马建筑师维特鲁威在其所著的《建筑十书》中说："所有的建筑物都应该兼顾实用、坚固、美观。"事实证明，卡拉卡拉浴场完全做到了这一点。比如，其温水厅是用3个十字拱覆盖的，支撑这3个十字拱的只有8个墩子，可是至今拱圈和穹顶都没有完全坍塌，依然高高地耸立着。

卡拉卡拉浴场的设计，给了许多现代建筑以灵感，孟加拉国国会大厦就是从中得到启发之后兴建的。如今的所有罗马式浴场，也几乎都是以卡拉卡拉浴场为原型建造而成的。

至于戴克里先浴场，它建于公元298年—公元306年，各个大厅都大约高达29米，可容纳3000人同时洗浴，是当时最大、最奢华的浴场。1561年，戴克里先浴场的大部分场地都被改建成天主教堂、修道院和博物馆，如今基本上已经不见原貌。

频繁的洗浴提高了罗马人的身体素质，促进了罗马公共卫生事业的发展，但是同时也导致人们过分追求舒适和享乐，加快了社会道德的沦丧。公元4世纪末，元老院议员们终于签署了一项法令，关掉了公共浴场。由于外敌的入侵，许多公共浴场都沦为了废墟，只有从残存的大理石地面和精美的马赛克装饰还可以一窥当时的奢华。

古罗马的建筑

如果你想去意大利感受一下那里浓郁的民族气息，必然要去罗马市逛一逛，参观一下古罗马的万神庙、大竞技场、剧场、浴场、广场、凯旋门等建筑遗迹。这些古建筑都是古罗马文化的精髓，错过了它们，就不算真正的罗马之行。

万神庙的历史可以追溯到公元前27年。当时，屋大维打败了政敌安东尼和他的情人埃及女王克娄巴特拉七世，于是屋大维的朋友、助手兼女婿马库斯·阿格里帕命人修建了这座神庙，原本打算送给屋大维作为贺礼的，可是屋大维拒绝了这份好意，随后这里就成了供奉众神的地方，因此得名万神庙。不过，公元80年，这座神庙在一场大火中被烧毁。公元125年，爱建筑、狂热地尊崇希腊文明的哈德良皇帝亲自设计并重建了万神庙。

穹顶直径、高度都是43.3米，底平面直径也是43.3米，四周墙壁厚达6.2米，里面没有一根支柱，也没有一扇窗户，只在穹顶中央开了一个直径达8.9米的圆形大洞，这是万神庙唯一的采光点。

从外面看，万神庙显得非常朴素，而且像堡垒一样笨重，甚至可以说有些俗气。但是，当你穿过那精美的三角门，走进内部时，就会立刻被它宏伟壮观的气势和精美的装饰而深深折服。尤其是晴天，当阳光透过穹顶的圆洞形成一束宽阔的光柱，倾泻在深红色的大理石地面上，并且随着时间的流逝缓缓移动时，神庙内部变得庄严肃穆，充满了宗教气息，好像成了人和神之间的媒介。

随着时代的变迁，万神庙的修建者湮没在了历史长河中，但是万神庙历经沧桑后，始终屹立不倒。公元609年，万神庙被拜占庭帝国皇帝送给了教皇卜尼法斯四世，教皇又为它改名为"圣母与诸殉道者教堂"，用来供奉圣母玛利亚和为主献身的殉难者们，因此万神庙才躲过了基督徒的摧残，被保留了下来。

万神庙既继承了古希腊的建筑风格，又凸显了地中海地区的建筑特色，是罗马穹顶技术的最高代表，也是世界建筑艺术宝库中的一颗明珠。人们置身于其中，难免会觉得它不像是一座饱经风霜的建筑物，而是一件巧夺天工的艺术品。

接下来要参观的，就是闻名遐迩的古罗马大竞技场。古罗马大竞技场又名罗马大角斗场、罗马竞技场、科洛西姆等，是古罗马时期最大的圆形角斗场，始建于公元72年，由8万名战俘负责建造工作，8年之后才竣工。

古罗马大竞技场由淡黄色的大理石砌成，共分4层，每层墙高57米，各有80个拱门，其中下面3层自下向上依次装饰着希腊式的多立克式、爱奥尼式、科林斯式圆柱。整个竞技场总占地面积约2万平方米，可容纳8.7万人，专供野蛮的奴隶主和流氓观赏血腥的角斗。

观众从底层的80个拱门进入大竞技场，再通过同样的拱门分散到各层的看台上。看台分3个等级，底层的看台等级最高，是皇帝和贵族的专座；第二层的看台等级次之，供罗马的高级市民使用；第三层是平民席。顶层是大阳台，是为地位低下得没有等级的女人、奴隶和穷人准备的，没有座位，观众只能站着观看表演。如果出现意外情况，混乱的人群能够在15~30分钟之内全部疏散，这尽可能地保证了观众的人身安全。

揭开大竞技场希腊式的外表，我们看到的是罗马人以赤裸裸的感官刺激为乐趣的文化，而不是人性的关怀。可是，这种娱乐活动竟然备受欢迎，几乎成了当时罗马人的第一娱乐项目。因此，一时之间，在罗马帝国境内出现了许多竞技场。

大竞技场是古罗马建筑艺术史上的杰作，但从本质上来讲，它只是罗马人为自己野蛮、张扬的个性披上的一件美丽的外衣，终将随着古罗马的湮灭而化作废墟。如今人们再来凭吊它，更多的应该只是感叹它外表的壮美和沧桑之感，而不是它野蛮的一面吧！

与参观神庙和竞技场相比，人们走进剧场时的心情应该会轻松很多。罗马市的古罗马剧场始建于公元前20年，至今只剩下两根古罗马柱，被当地人戏称为"两寡妇"。古罗马的剧场是古罗马人的娱乐胜地，体现了古罗马人性化的一面，其格局与现在的剧院几乎没什么区别。换句话说，现在的剧院正是从古罗马时期的剧场演变而来的。如果你想体验一下古罗马剧场带给人什么样的感觉，不妨去剧院里走一遭。

除此之外，罗马市内的浴场、广场、凯旋门等遗址也值得一观，其技术水平和艺术风格都是古罗马建筑的杰出代表。当然，只有意识到人类文明的发展史是一个漫长的过程，才能深刻地体会到这些巧夺天工的艺术品所蕴含的历史价值和意义。

"条条大路通罗马"的盛况

公元前3世纪时,秦始皇在东方修建了长城,罗马人在西方铺设了四通八达的道路。

长城属于军事壁垒,其主要作用是把不同民族的人隔离开来,而道路却恰恰相反,它能促进人与人之间的交流。罗马人当时并非没有外敌,可他们并没有因噎废食,还是选择了修路。在罗马人看来,只有拥有四通八达的道路,才能迅速了解国内外情况,做到知己知彼,使国家快速、健康地发展起来。

修路可不是一项小工程,需要各方面协调,那么罗马人在这方面是怎么做的呢?一般来说,修路方案由执政官或财务官拟订,之后由元老院投票表决,国库拨款,军队负责施工,拟订方案者负责监管工程进度和质量。道路修建完成之后,由类似于现代的公路局的部门负责运营、维护。讲到这里,罗马人的做法并没有什么独特之处,可是在关键问题上,罗马人的做法出乎很多人的意料——免收"过路费"。

国家花了那么多钱,动用那么多物力和人力,收取道路通行费来维持相关人员的生计也是合乎情理的,为什么罗马人却分文不收呢?难道他们从未考虑过这样做是否合算吗?不是的,对罗马人来说,道路是人类文明生活必需的,属于基础设施,政府理应承担修路义务。这一点,即便是现代的很多国家,也难以做得如此尽善尽美吧！

第一条罗马大道叫阿皮亚大道，它始建于公元前312年，是由当时的财务官阿庇乌斯拟订方案并亲自监督修建的，所以得名"阿皮亚大道"，意思是"阿庇乌斯的大道"。这条路北起罗马城，南至加普亚，后来延伸到亚平宁半岛东南端的布林迪西，路基由石头、灰泥和沙砾构成，路面用各种形状的石板铺就，既坚固又美观，简直巧夺天工，堪称古代筑路技术的典范。直到现在，阿皮亚大道仍有一部分保存完好，每天都有不少罗马市民从这条路上进城上班。

继阿皮亚大道之后，罗马人又修建了奥勒里亚大道（罗马—热那亚，公元前241年始建）、弗拉米尼亚大道（罗马—里米尼，公元前220年始建）、卡萨亚大道（罗马—佛罗伦萨，公元前154年始建）等主干道。在公元前3世纪到公元2世纪这500年里，罗马人铺设的道路不下15万公里，其中仅干道总长就达8万公里，出现了"条条大道通罗马"的盛况。

在此过程中，虽然罗马皇帝并非个个英明，但是他们一般都能顾全大局，只要是对国家有益的筑路项目，最终都会顺利完工。

发达的交通不但方便了罗马人搜集国内外的情报，也使各族人民的沟通更加顺畅，生活更加便利。如果有谁想去别的城市逛一逛，只需要沿着平坦的大道前进就行了；如果目的地很远，也不用怕，大不了在罗马城中转一下。

这一切成就，阿庇乌斯无疑功不可没。阿庇乌斯不但是罗马大道的创始人，也是罗马水道的创始人。为什么这个人总有奇思妙想呢？他跟普通人又有什么区别呢？可惜关于他的记载并不多，可能是因为他并没有征服过其他民族，而且由他首创的样板路加快了敌军入侵罗马的速度。在罗马遭遇的数次沉重打击中，敌军几乎每次都是踏着平坦的罗马大道长驱直入的，这也正是罗马大道唯一的弊端。

历史上不乏文明古国，但是很少有像古罗马这样，能留下一段经得起2000多年的岁月洗礼的道路。如今，即使人们并不了解罗马的历史，也都知道"条条大路通罗马"。

庞贝古城

一天，罗马城一位大酒商的太太正在祈祷，突然感到胸口剧痛，随后就不停地咯血。她的女儿索菲娅又担心又害怕，可是一点儿办法也没有，急得直哭。索菲娅的未婚夫卡洛得知此事，及时赶了过来，自告奋勇地说要骑马回他的老家庞贝城去取止血石，索菲娅却没有答应。

庞贝城距离罗马城200多公里，沿途森林茂密，经常有强盗出没，很不安全。一边是母亲，一边是未婚夫，到底应该怎么办？索菲娅陷入两难之中。卡洛明白未婚妻的心思，安慰她说："亲爱的，放心吧。我常年骑马，身体强壮，有几个人能敌得过我？一拿到止血石，我就立刻赶回来！"不等索菲娅回话，一身戎装的卡洛就绝尘而去，从此再也没有回来。

索菲娅的担心变成了现实，卡洛的确遇难了，但是他并非死于强盗之手，而是遇上了天灾——火山爆发，被火山灰夺去了年轻的生命，这一天是公元79年8月24日。

当天中午，位于庞贝城北面10公里处的维苏威火山上突然升起一片奇特的云彩，很快这片云彩就变成了血红的岩浆，从山顶喷薄而出，顺着山谷奔流而下，瞬间就把维苏威火山一带变成了一片火海……大约过了一天，岩浆才慢慢冷却下来，在地上留下一条条形如河流的焦土地带，四周死一般的沉寂。

繁华的庞贝城，以及城市周边大面积的林地和草地，全都在一夜之间被火山灰吞没。索菲娅得知这一消息，悲痛不已，从此《伤心欲绝的索菲娅》开始流行，逐渐成为地中海的民歌。

庞贝城原本是地中海沿岸的一个小渔村，公元前89年成为罗马共和国的属地。由于拥有得天独厚的地理环境，逐渐成为一座天然良港，再加上它风景秀丽、环境宜人，因此迅速发展起来。到公元79年灾难发生时，这里已经有2.5万居民。

偌大一个罗马国，难道就没有一个人勘探过庞贝城一带的地理情况吗？大约在公元1世纪初期，古罗马地理学家斯特拉波曾经游历至此，他详细地考察了一下当地的地形、地貌特征，随后断定维苏威火山是一座死火山。由于斯特拉波是当时著名的地理学家，所以没有人怀疑他的判断，都以为在这里生活是安全的。于是，少数人来到富含矿物质的火山灰土上，在那儿种植了各种农作物。

举目望去，到处都是饱满多汁的葡萄、硕大的橄榄，或是一望无际的橘子林、柠檬林，一片生机勃勃的景象。除此之外，有益于人体健康的温泉也是人们舒筋活血、强身健体的绝佳之地，因此越来越多的人开始在此定居。

然而，也正是这座赐福于民的火山成了庞贝城的终结者。公元62年2月8日，庞贝城发生了一次强烈的地震，许多建筑物都被摧毁，但是地震过后，贵族、富商们又建造了许多豪华别墅，尽情地寻欢作乐，把这里变成了远近闻名的酒色之都。也许是大自然看不惯罗马人淫乱的生活，才用火山灰吞没了整座城，以示对他们的惩罚吧！

庞贝城遭受了灭顶之灾，但是随着岁月的流逝，人们很快就淡忘了这里曾经的繁华，只知道这里到处都是焦土。时间过得越久，庞贝城就越像一个远古传说，人们只闻其名，却不知道它到底在哪儿。直到18世纪，人们才得以一睹它的真容。

1748年春季的一天，农民安得烈在为自家的葡萄园松土时，意外地挖出了一大堆金银首饰和古罗马钱币。消息传开，盗宝者蜂拥而至，一些历史学家和考古学家也慕名而来。有人挖出了刻有"庞贝"字样的石块，至此沉睡了近2000年的庞贝城才重见天日。

1876年，意大利政府开始组织科学家正式发掘庞贝城。经过人们100多年的努力，庞贝人在灾难来临前的样子终于近乎完整地再现于世人面前。

参与发掘工作的历史学家瓦尼奥说："当时的景象真令人惊骇！城里的人有的在睡梦中死去，有的刚跑到家门口就永远地停下了脚步……许多人家的烤炉上还烤着面包，狗拴在门口的链子上……"在羊毛作坊、染坊、商店、客栈的墙壁上,写满了庞贝人的情感印记:"噢,杰斯,希望你的脓包再次裂开,比上一次更痛。""没错,我的心上人一定与她的情人在这儿幽会过。"看着这一幅幅永远定格的生活图景,谁能不浮想联翩、心潮澎湃?真的不敢想象,这条生活链是如何突然被大自然活生生地扯断的。

如今的庞贝城,已经成了"天然的历史博物馆",吸引了无数游人前来参观。游人可以在古城废墟的大街小巷之中穿梭,进出于尚未被完全摧毁的民居、别墅、温泉、商店、仓库、神庙、剧场、浴场、斗兽场……感受一下当时的人们是如何生活的。

在庞贝古城出土的一只银制葡萄酒杯上,刻着这么一句话:"尽情地享受生活吧,明天是捉摸不定的。"镌刻这句话的人,当时也许并不知道死神即将降临。这只银杯被发掘出来时,旁边还躺着一具女性遗骸。的确,在大自然面前,人类实在太渺小了,与其跟大自然抗衡,不如尊重自然、顺其自然,这样才能与它和谐共处。

服饰和时尚

别以为时尚只是现代人的专利,其实古罗马人早就开始赶时髦了!每逢要出门赶集、做客或是开会,罗马人都会装扮一下,以最佳面貌出现在众人面前。

罗马的原住居民或者说土著，是主要活动在拉丁姆地区的伊特拉斯坎人。随着罗马城的建立，以建城者罗穆路斯为首的拉丁移民逐渐与当地人相互融合，发展成为罗马人。当时生产技术落后，能够吃饱穿暖已经不错了，因此罗马人在服饰上并不讲究，披上一件用羊毛或亚麻布做成的毯状物就到处走动。

公元前1世纪，随着罗马征服希腊，罗马人不但借鉴希腊字母创立了属于自己的独特语言——至今仍在科学领域广泛使用的拉丁语，还变得高傲起来，自认为是世界上最优秀的民族，为了衬托自己与众不同的身份，他们以伊特拉斯坎人的服饰为原型，全面吸收希腊服饰的样式，设计了属于自己的服装。与希腊服饰相比，罗马人的服装只不过用料更宽大、更厚重，看上去更气派——这正是罗马人想要的效果。

在武力上，罗马人征服了希腊人；但是在服饰上，罗马人拜倒在了希腊人的脚下，几乎没有创新。可以说，是被征服者希腊人为粗野的拉丁姆地区带去了文明和美。

到了由贵族专政、等级森严的共和时代，罗马人的装扮就更气派了，开始讲究布料的质地、刺绣的图案和色彩。为了衬托和彰显自己的富有与高贵，罗马人还逐渐讲究起发型、鞋子来，注重佩戴各种款式的首饰。于是，服饰就成了罗马人身份的象征。

当时的罗马公民，普遍穿托加、丘尼卡、斯托拉和帕拉。托加（Toga）长约6米，最宽的地方约1.8米，只有具备罗马公民权的男子才能穿，是罗马男子的外袍，一般搭在左肩上并围绕全身，兼具披肩、饰带、围裙以及显示穿着者的身份等作用。普通人穿的托加是纯白色的，官员、神职人员以及上层社会年满16岁的男子穿的托加带有紫色的镶边，将军、帝王等穿的托加则是绣金紫袍。

丘尼卡（Tunica）结构简单，是一种宽大的、像睡袍一样的袋状贯头衣，男女都穿，刚开始时穿在托加里面，后来因为托加过于庞大，穿起来非常麻烦，因此许多人平时就把丘尼卡当外衣穿，有时候还多件叠穿，只有在一些重要场合才把托加套在外面。

斯托拉（Stola）是用两块比丘尼卡宽得多的面料做成的，前后都宽得足以遮住伸长的手臂，颈部留有一个开口以便穿脱，肩臂处用别针固定，腰部则系一根带子，一般只有已婚女子和具有罗马公民权的女人才能穿，通常穿在丘尼卡外面。也许是为了避免别的男人看见，也许是为了衬托女人的柔美，斯托拉往往长及脚踝。这种又宽又长的衣服，显然不便于行走，但罗马的女人还是穿了整整1000年。

帕拉（Palla）是一块长约2.7米、宽约1.5米的长方形织物，有紫色、红色等各种颜色，通常缠裹在丘尼卡或斯托拉外面，还可以打开来包头，兼作面纱，是女人独有的服饰。

上述这些都是罗马人的传统服饰。它们虽然都非常宽松，几乎没有款式分别，而且是披、缠甚至是捆在身上的，但是别有韵致，最能代表罗马服饰的特点。

随着"丝绸之路"的开辟，中国精美的丝绸传入了罗马，让罗马的贵族们爱不释手。许多追求时尚的贵妇，不惜花重金买下一块块丝绸，用来装点自己和家里的衣柜。

除了普通服饰之外，一向好战的罗马人也非常重视战甲的美观。在制作战甲时，他们不但追求结实耐用，还在金属铠甲上雕刻了精美的浮雕，头盔则以羽毛装饰，非常华美。

不管是出门参加一些重大活动，还是去前线打仗，古罗马人都会穿戴一新，做好一切准备。那些有身份、有地位的人会花更多的时间梳洗打扮，比如贵妇们会先洗个澡、享受按摩，护理一下头发，再梳一个高贵的发髻，梳头对贵妇们来说就是一项大工程。不过，许多时候，即便耗时耗力，女人们的爱美之心也不会变。

第二章 罗马王政时期

罗穆路斯创建"永恒之城"

在今天的罗马博物馆里陈列着一座名为"母狼哺婴"的青铜雕像，许多参观者都忍不住驻足一观。"母狼哺婴"图案是古罗马的城徽，"母狼哺婴"的故事也一直伴随着罗马城。

无论是古罗马人还是现代的罗马人，都公认罗穆路斯是古罗马的创始人。他们认为，古罗马的历史是从这个据说曾经喝过狼奶的"狼孩"的时代开始的。后世普遍认为罗穆路斯只是一个虚构的人物，因为他们无法证明他的存在，但是，他们同样也无法证明他不存在。总之，古罗马王国的建立是带有神话色彩的。

跳过特洛伊沦陷之后的400多年历史空白，我们把目光转向古罗马王国建立之前的那段时光，看一看罗穆路斯的传奇经历以及他是怎么建立古罗马王国的。

在古罗马神话中，罗穆路斯是阿尔巴隆加公主瑞娅·西尔维亚之子。当瑞娅公主还是一个小姑娘时，她那一直觊觎王位的叔叔阿姆略伺机推翻并赶走了她的父亲努米特，还残忍地杀害了很多她的亲属，然后登上了王位。至于瑞娅公主，是因为有阿姆略的女儿安托求情，才侥幸活了下来。即位之后，阿姆略担心自己有朝一日也会被推翻,就逼迫瑞娅公主成为维斯塔贞女。

维斯塔是古罗马神话中炉火、家庭与处女的守护神,她的神庙里燃烧着神圣之火,传说只要神圣之火不熄灭,罗马就能一直风调雨顺。为此,需要6位贞女祭司轮流守卫维斯塔神庙。担任这一圣职的贞女祭司,要发誓在担任圣职的30年里都不失身。如今阿姆略让瑞娅公主成为维斯塔贞女,无疑是想让瑞娅公主一直不嫁人、不生孩子,这么一来,努米特后继无人,自然也没有人来推翻他这个新国王了。

然而事与愿违。一天,祭神之后,瑞娅公主躺在河边睡着了。碰巧这时,战神玛尔斯经过,对公主一见倾心,在她熟睡之时侵犯了她。后来,瑞娅公主生下一对双胞胎,一个取名为雷莫斯,另一个就是罗穆路斯。阿姆略得知此事勃然大怒,他按照处罚违反誓言的贞女祭司的规定,下令将瑞娅公主活埋,又命人把她的儿子们扔进台伯河。仆人不忍心杀害这两个还在襁褓中的婴儿,就把他们装进一只木桶,放在台伯河边,任由他们自生自灭。据说,当两个婴儿被扔到台伯河边时,河神适时涨水,于是木桶稳稳地顺流而下,一直漂到帕拉蒂尼山脚下的河口附近,被河边的一棵大榕树挡住。两个婴儿被饥饿侵袭,不禁张开小嘴大哭起来,哭声传进正在附近觅食的一只母狼的耳朵里。这只饥饿的母狼见了两个嗷嗷待哺的婴儿,把他们衔进自己的窝里,将乳头塞进他们嘴里,他们立刻停止哭泣,用力地吸吮起来。

后来牧羊人浮士德勒发现了婴儿,并把他们抱回自己家里,和妻子阿卡·劳伦缇雅一起抚养。于是,曾经的狼孩慢慢长大,成了两个活泼可爱的小牧童。在这之后，他们没有像养父那样以放牧为生，而是选择去森林打猎。虽然他们是牧人抚养长大的，但通过其英俊的外貌和挺拔的身姿，人们仍然能够感受到他们那与生俱来的高贵气质。

随着时光的流逝，他们变得越来越强壮、勇敢。除了与野兽搏斗之外，还带领大家一起抗击强盗，或是帮忙调解牧人之间的纠纷。因此，穷人和牧民都非常喜欢他们，他们在当地的声望也越来越高，吸引了许多年轻人聚集到他们身边。

这一天，被赶走的努米特手下的牧人赶走了阿姆略的牛。罗穆路斯兄弟作为归阿姆略管理的羊倌，聚集阿姆略的牧人，杀死了努米特的牧人，找回了丢失的牛。不但如此，他们还"诱拐"了努米特手下一些能干的人，壮大了自己的队伍。努米特得到消息，非常愤怒，就派人去袭击罗穆路斯他们，杀死了一些牧人，俘虏了雷莫斯。这时，罗穆路斯正好在外面向神献祭，所以躲过了这场劫难。

牧人们把雷莫斯带到努米特面前，要求努米特严惩雷莫斯。努米特不想得罪阿姆略，因此去阿姆略那儿要求正义。阿姆略自知对不起哥哥，因此让他随意处置雷莫斯。努米特把雷莫斯带到自己家里，被这个年轻人的相貌和气质深深地吸引，不禁问起了他的身世。当雷莫斯说出自己的身世后，努米特立刻就猜到他很可能是自己的外孙，又惊又喜。

罗穆路斯献祭之后，得知雷莫斯被俘虏，立刻召集一批人马，想要救回弟弟。浮士德勒见事态已经恶化到这个地步，就向大家公布了这对兄弟是老国王努米特的外孙的事实。老国王和雷莫斯也很快就得知了这个消息。随后，他们兄弟带着自己的人马，合力攻克了阿尔巴隆加城，杀死了篡位的阿姆略，替母亲瑞娅公主报了仇，让外祖父努米特重新登上了王位。

罗穆路斯兄弟俩并没有留在阿尔巴隆加城，而是率领着追随他们的3000名拉丁人来到位于亚平宁半岛中部、台伯河东岸的一个气候温暖的地方，准备在那儿建立一座新城市。

可悲的是，共患难容易，共享乐却很难。在建立新城市时，罗穆路斯兄弟俩的关系开始恶化，因为他们是双胞胎，谁来当新王都难以令另一个人臣服，一到达目的地，他们就开始为新城市的选址问题而争吵。罗穆路斯考虑到居住环境的舒适，也为了感谢母狼的哺育之恩，准备在帕拉蒂尼山上建城，但是雷莫斯更希望新城市能够建在更有战略地位也比较容易防守的阿文提诺山上。

兄弟俩谁也说服不了对方，因此他们决定借助神的意志来结束这场争论，具体的做法就是他们各自在自己中意的地方随便找个位置坐下来，谁在一定的时间内看到的鸟的数量多，谁就是独一无二的国王。结果，罗穆路斯看到了12只鹰，而雷莫斯只看到了6只鹰，胜者无疑是罗穆路斯。

这样的"天意"令雷莫斯非常生气，他难以平息内心的怒火，就在罗穆路斯刚刚挖好护城壕沟的那一刻跳到了壕沟的另一边，并且破坏了罗穆路斯的一部分防御工事。这是一个坏征兆，因为它意味着新城的城墙容易被攻破。罗穆路斯气愤不已，一怒之下杀死了自己的胞弟，并对众多围观者说了这么一句话："谁敢越过我修建的城墙,就是这个下场。"

埋葬了雷莫斯之后,罗穆路斯继续修建城墙,并根据自己的名字给这座新城市取了一个名字——罗马。"永恒之城"罗马,就这么诞生了,这一历史性的时刻就是公元前753年4月21日。从此,罗马人就把狼和鹰奉为图腾。也正因为如此,直到今天,狼和鹰的图案仍是罗马市随处可见的标志。

萨宾事件

刚刚诞生的罗马城,就像一个婴儿一样,需要良好的成长环境。国王罗穆路斯不但英勇善战,而且富有智慧,选择了罗马这个适合居住的好地方作为自己和臣民的家园,使得罗马人既不必担心自己"先天不足",也不必为生计而发愁。

至于外族人,无论是原居于亚平宁半岛中部并逐步向周边扩张的伊特鲁里亚人,还是开始把亚平宁半岛南部作为殖民地的希腊人,都因为各种原因而没有看中罗马这块位于亚平宁半岛居中位置的宝地。因此,罗马这座刚刚起步的城市才得以慢慢地成长起来。

而当婴儿长大之后,就面临着一个无法回避的问题——成家立业。刚刚成长起来的罗马城这个"年轻小伙子",自然也必须直面这个问题。先成家后立业,为了繁衍生息,让罗马这个大家族变得人丁兴旺、繁荣昌盛,以国王罗穆路斯为首的壮汉就开始设法寻觅自己心仪的姑娘,甚至为此上演了到外族去抢新娘的闹剧。

为什么这群壮汉要集体抢新娘呢?这件事得从罗马王国建立之初的大致情况说起。在建立罗马城之后,罗穆路斯扩大了城区的范围,接纳了许多外来人口。罗穆路斯来者不拒,无论是难民、逃犯、逃跑的奴隶,还是其他想要开始新生活的自由人,都被他批准为罗马公民。很快,位于罗马王国范围内的7座山丘(奎里尔诺山、维弥纳山、卡比托利欧山、埃斯奎里山、帕拉蒂尼山、西里欧山、阿文提诺山)之中就有3座(卡比托利欧山、帕拉蒂尼山、阿文提诺山)开始升起炊烟。

罗穆路斯挑选出所有适于服兵役的成年人,组建了一个由3000名步兵和300名骑兵组成的"军团"。随后,他从各个门第中挑选了100名最有名望的长者,组建元老院,并称这些人为"贵族"。至于剩下的人,则都被称为市民。罗穆路斯建立了一个由全体罗马人民组成的市民大会,并规定罗马城由国王、元老院和市民大会共同治理。

这就是罗马建国之初的基本形态,它符合罗马当时的国情,是罗马最为自然的选择,也是一种既简单又有效也可能适用于未来的政体。处于这种政体统治下的时期,就是后人所说的罗马的王政时代。

这样一个新国度,无疑让大家都感到满意,可是随后就出现了新的问题。在这个由国王罗穆路斯、跟国王一起打天下的拉丁族农民和牧人,以及刚刚加入罗马国籍的新居民组成的新国度里,绝大多数人都是单身汉。在经历了诸多磨难并且安定下来之后,他们都非常渴望娶一个温柔、贤惠的女人为妻，再生几个长得像自己的小孩，让生活变得更加甜蜜。

为了解决这个问题，罗穆路斯与元老院进行了一番协商，然后派使者到周围的城邦请求通婚，可是都遭到了拒绝甚至嘲讽。这一点也不难理解，谁也不愿意把自己的女儿远嫁到一个刚刚起步的"光棍国"去。

考虑到用和平手段无法解决这个问题，罗穆路斯最终做出了强行把外族女人"迁移"到罗马来的决定，可是始终想不出一个好办法。一天，罗马人无意中挖掘出某个神灵的圣坛，罗穆路斯不禁灵机一动，决定以此为由。他对外宣称他们将举行一场盛大的献祭仪式，届时欢迎所有邻族人前来参加。

根据习俗，在祭祀诸神的日子里是禁止一切战斗的，因此罗马周围的许多外族人都放心大胆地赶来参加这一盛典。

献祭仪式开始了，现场人来人往，热闹非凡。可是，就在大家毫无防备之时，早已做好一切准备的罗穆路斯向手下发了一个暗号：他站起来，取下他头上那顶绛红色的斗篷，把它折叠起来，抖开，再重新戴在头上。随后，罗马的壮汉们就呼喊着行动起来，抢走了在场几乎所有的未婚女子，但是允许男人逃走。

那些被抢了亲人的外族人怎肯善罢甘休？他们推举既有权势又有威望的萨宾王国国王塔提乌斯为首领，向罗穆路斯问罪。塔提乌斯考虑到被抢走的女人之中萨宾人最多，因此没有轻易攻城，而是要求罗马人归还被抢的女人并为此道歉。罗穆路斯当然不愿意，他请求塔提乌斯准许罗马人与萨宾人通婚。为了向对方表明他诚恳的态度和坚决的立场，他率先举行了婚礼，摆脱了"光棍"的身份。

塔提乌斯见此情景，决定诉诸武力。不过，凯尼纳、安特穆奈和克鲁斯图摩里乌姆3个部族嫌萨宾军行动太慢，自行联合起来向罗马开战了。其中，凯尼纳人最急躁、最愤怒，他们不等安特穆奈人和克鲁斯图摩里乌姆人做好准备，就擅自攻入罗马人的领地，劫掠财物、破坏房屋。罗穆路斯率军迎战，很快就把他们打得落荒而逃，随后占领了凯尼纳城。接着，安特穆奈城和克鲁斯图摩里乌姆城也成了罗马人的地盘。不过，罗马军并没有伤害城里的百姓，而是将所有愿意移居罗马的人都接纳为罗马公民，对他们一视同仁。

塔提乌斯不甘心，经过一番筹备，于次年大举进攻罗马城，战争规模空前。由于罗马有7座易守难攻的山丘，位于罗马城附近的卡比托利欧山上的堡垒更是难以攻克，因此塔提乌斯只好撤军。随后，塔提乌斯又发动了二次进攻，但还是没能取胜。

据说，在某次战争中，卡比托利欧山守将之女塔尔皮雅被萨宾军护臂上的金饰打动，就跟萨宾军达成秘密协议，表示她愿意为萨宾军打开城门，只要他们肯把所有的首饰都给她，萨宾军答应了这个条件。于是，一天夜里，当塔尔皮雅把堡垒的一扇门打开之后，萨宾军就一一把他们的护臂丢到了塔尔皮雅脚下，结果砸死了她。

双方的战争持续3年之后，终于出现了转机。在最后一次决战中，就在双方打得难分难解时，被罗马人抢走的萨宾女人突然闯进战场，要求所有人都停止战斗，因为她们不愿意坐视自己的亲人互相残杀。萨宾军看着已经阔别3年的亲人，又看了看她们怀里抱着的婴孩，顿时呆住了。

原来，经过 3 年的征战，当初那些被抢的姑娘如今都已经在罗马生儿育女。萨宾军不愿意相信这一点，却改变不了现实。这让他们愤愤难平，但是他们并不打算让自己的女儿或姐妹守寡，更不愿意让她们的孩子成为孤儿，因此他们只好收起武器。

接着，萨宾人和罗马人坐在一起，达成了如下和平协议：第一，虽然罗马人抢新娘的做法很野蛮，但是他们并没有逼迫她们为奴为仆，而是把她们当妻子，并且给了她们充分的尊重，因此那些被抢来的女人大多愿意继续与现在的男人一起生活；第二，萨宾王国与罗马王国合并，萨宾人放弃自己的领地，迁移到罗马，居住在新开发的七丘之一奎里尔诺山上，享有与罗马人完全相同的市民权利，国王塔提乌斯与罗穆路斯共同治理合并后的罗马王国。

通过这次合并，罗穆路斯不但解决了战争之后人口减少的问题，还壮大了自己的实力。对罗穆路斯来说，当初的抢新娘之举也许只是为了让罗马人能够繁衍生息，但是其后同化萨宾人的做法，对整个罗马来说意义重大，不但增加了罗马的人口，还扩大了罗马的疆域，增强了罗马的军事力量。

罗穆路斯在位期间，罗马正是在与周围城邦的不断战争和同化被征服者的过程中逐步壮大起来的。与萨宾王国合并 5 年之后，塔提乌斯去世，罗穆路斯成为罗马王国唯一的国王，他征服了周边伊特拉斯坎人的许多城市，在拉提姆、托斯卡纳、翁布里亚和阿布鲁佐也获得了很多地盘。虽然他偶尔会在一次战役中被击败，但是他从未失去过一场战争。

在对外扩张的同时，罗穆路斯也没有疏于内政管理。他引入了禁止通奸和杀人的法律；将罗马人分为拉丁人、萨宾人和伊特拉斯坎人这3个部落，并为每个部落设置了一位维护部落的民政、宗教和军事利益的保民官……对于他做出的各项判决，几乎没有人提出质疑。

到了晚年，罗穆路斯逐渐疏离了元老们，把他征服的土地分给手下的士兵，因此那些自以为比平民高贵的元老越来越憎恨他，但是又不敢公开反对他或是流露出丝毫对他的不满。而有一天当罗穆路斯在练兵场阅兵，突然飞沙走石，接着他就失踪了，无论如何都找不到时，罗马人民激动地指控是元老们暗中谋害了他。

这是公元前715年的事，据说当时有一位与罗穆路斯交情不错的贵族说他曾经亲眼看到罗穆路斯并没有死，而是升入天堂，做了罗马人的吉祥之神。罗马人民听了他的话，这才渐渐恢复平静。这也许就是神话传说的功劳，也是罗马人民对执政者能够勤政爱民的美好希冀的体现。

一代明君：努玛·庞皮留斯

如果一个人能被放在适当的位置，那么他不仅可以尽情施展自己的才华，还有利于其他人的进步。王政时代的第二位国王努玛·庞皮留斯的继位，就是这样一个典型的例子。

努玛是萨宾显贵庞蓬的小儿子，生于罗穆路斯创建罗马城的那一天。他虽然出身豪门，但并没有像其他富家子弟一样过着奢侈的生活，而是喜欢钻研学问，注重修养身心，摒弃了被蛮族奉为"最高荣誉"的暴力掠夺行为。

由于不断思考，他年轻的时候就已经开始长白头发了。人们普遍认为，他是一个无可指摘的仲裁者和顾问。也正因如此，当初萨宾国王塔提乌斯才会把自己的独生女儿塔提娅许配给他。把塔提娅公主娶进家门之后，努玛依然过着平民生活。13年之后，塔提娅公主去世，努玛干脆隐居到了乡间。

在罗穆路斯神秘失踪之后，刚刚强盛起来的罗马城就出现了内讧。为了决定由谁接替罗穆路斯成为新国王，贵族们闹得不可开交。虽然罗穆路斯有儿子，但是没有一个罗马人想过请罗穆路斯的儿子来继承王位，因为罗马国王是全体罗马人的代表，他必须能够率领所有罗马人不断前进，而罗穆路斯的儿子显然不具备这样的能力。

在彼此妥协下，元老院的贵族们开始轮流执政。这么一来，罗马王国就掌握在了贵族手中，而没有人来维护平民的权利，因此平民提出了反对意见。罗马人和萨宾人这两大部落达成了一项协议：各自从对方的阵营里选出一位会善待双方的人，再从这两个人之中选出一位来担任国王。最后，元老们一致同意推举努玛为新国王。努玛这位从未贪恋过权力的人，就这样在毫不知情的情况下成了新国王。

选新国王的过程很艰辛，请新国王上任也不容易。当元老院派去的使者来到努玛的隐居之处，请他去罗马城即位时，这位年近40

岁的中年人立刻就回绝了。长老们一次又一次地劝他答应下来,他都以自己年龄偏高为由婉拒。

不过,经不住父亲庞蓬的劝说,也为了避免罗马陷入内战,努玛最终还是跟着长老的使者来到了罗马城。即位之后,努玛考虑到罗马城是由一批剽悍的好战之徒建立的,决定建立一个新的社会秩序,把逞强好胜的罗马人变成既温和又有礼貌的人。

努玛认为,虽然罗马已经通过多年的战争逐步壮大起来,但是如果不好好整顿,则很容易从内部瓦解。要让全体罗马人民做出如此巨大的改变,显然不容易,但是只要有人耐心教导,即便是无知的顽童也会有所改变,努玛就是这样一位耐心的教导者。

在他的亲自指导和督促下,罗马人有了很大的改变。努玛举行了献祭仪式,提倡市民学习舞蹈,还举办了一些有助于人们修养身心的娱乐活动,这些举措既赢得了民心,也渐渐地驯服了他们原本凶狠好斗的习性。

摒弃剽悍之后,接下来就要考虑除了掠夺之外的谋生之道。既然是国王让人们变温和的,那么他貌似也有义务帮助大家解决这个问题。而努玛在这一点上无疑也是个有担当的领导者,他致力于振兴农业和畜牧业,让罗马人能够自给自足。为了把政务落到实处,他不但设立了监督和巡察人员,还亲自到各地视察,根据农作物和牲畜的生长情况来判断百姓和官员的德行,然后给予相应的奖惩。

在手工业方面,努玛进行了职业分工,让每个罗马人都归属于有独立保护神的团体。一时之间,罗马出现了木工公会、铁匠公会、染匠公会、陶工公会等各种团体。这么一来,不但能够让罗马人对自己的职业充满自豪感，还可以防止拉丁人、萨宾人、伊特拉斯坎人以及来自其他民族的新居民之间的部族对立。因为，同一个团体里的成员，难免要相互接触和交流，而随着交流的增加，他们渐渐地消除了原来的部族异同感，可以和谐相处了。

解决生计和民族融合问题之后，为了让日常生活变得有序，努玛进行了历法改革。在首任国王罗穆路斯当政时期，罗马人因为对太阳和月亮的运转情况一无所知，在月份的安排上是非常不合理的，有的月份不足20天，有的却长达35天，每年的总天数也是不固定的。努玛在观察了月亮的盈亏之后，规定一年的总天数为355天，把一年平分成12个月，剩余的天数每隔20年调整一次。

努玛制定的历法，虽然存在很大的漏洞，但是相比以前已有了很大的进步，因而延续了600多年，规范了人们的作息习惯，也加强了人们的时间意识，让人们为自己的年龄随着流逝的岁月增长而警醒。

可能是担心全年劳作会累坏民众，努玛又规定了集市日和祭祀日（实际上也就是休息日）。每个月的第九天和第十五天为集市日，在这两天里，罗马人不必去田间劳作，可以拿着各自的作物去赶集，顺便休息一下。到了祭祀日，所有公务一律停止，大家都可以祭祀诸神。据说，当时的罗马一年的节假日多达45个。这样看来，这个国王还真是像父母疼爱孩子一样关心自己的人民呢！

在努玛的所有功绩中，最值得郑重说明的就是有关宗教的改革了。罗马是一个多神国家，人们信奉的神多得不计其数，甚至连死去的国王也被视为神，而且人们坚信这些神会保佑自己。不但如此，他们还积极地引进其他民族的神，也许是因为罗马人善于包容，或是因为他们认为保护神越多自己得到的照顾也越多吧！对罗马人来说，宗教并不是人的精神的主导，只是一种精神寄托。

为了向人们强调尊重诸神的重要性，让人人都有精神寄托，努玛把本土的和从其他民族引进的神分了等级，但是没有规定哪些是罗马之神。他还设立了专门为诸神服务的神官组织，最高神官由最高神祇官担任，其下设有 5 ~ 10 位神祇官、6 位贞女祭司，以及十多位主要根据鸟的飞翔情况和啄食方式来占卜吉凶的祭司。

正因为努玛非常勤勉，而且总是替百姓着想，所以他才从一个既没有支持势力又不具备血统优势的萨宾人成为一个令民众信服的好国王。他提出的建议，不但市民大会无条件地采纳，元老院也都一致通过。在他统治罗马的 42 年里，罗马连一次战争都没有发生过。可见，权力并不是单纯依靠武力来行使的。

对罗马人来说，努玛不仅是他们的国王，更是一位令人尊敬的长者。当他去世时，人们都认为他是被众神邀请到另一个世界去做善事了。

扩张之路：攻克阿尔巴隆加城

一般来说，上一任国王的治国方略也会被继任者效仿。虽然努玛没有继承罗穆路斯的尚武精神，但这种精神"隔代遗传"给了拉丁人托里斯·奥斯蒂吕斯,他对战争的热情比罗穆路斯还有过之而无不及。

由于努玛的改革和整顿,罗马的内部越来越充实,有了拓展疆域的基础,因此在公元前673年继承皇位之后,托里斯就立刻带领罗马人走上了对外扩张的道路。

托里斯的第一个攻击目标,是被认为是拉丁民族发源地、也是罗马人的祖先所在地的阿尔巴隆加城。当时,两国边境一带的居民之间经常会发生争端,有一次,由于阿尔巴隆加城的居民掠夺了罗马人的财物,而阿尔巴隆加方面又拒绝赔偿,于是一直苦于师出无名的托里斯就以此为由,向阿尔巴隆加国王下了挑战书。

不过,在正式与阿尔巴隆加国交手之后,托里斯才猛然意识到自己的鲁莽,因为与拥有长达500多年历史的阿尔巴隆加相比,只有80年历史的罗马就像一个孩子一样弱小、冒失。

在意识到自己难以打败对手之后,托里斯就建议双方停止斗争,用决斗的方式来决定胜负,理由是这样不但不会让附近强大的伊特鲁里亚王国坐收渔利,也能让两国人民免受战乱之苦。阿尔巴隆加国王考虑了一番,表示赞同。双方约定,决斗的失败方必须无条件地接受获胜方的统治。

恰好罗马城和阿尔巴隆加城中各有一对三胞胎,而且他们还是同一天出生的,于是他们就被选出来代表各自的国家进行决斗。代表罗马的三胞胎是贺拉斯兄弟,代表阿尔巴隆加的是克里亚斯兄弟。决斗那天,这6个年轻人走到两军阵营前,随着一声号令,开始了激烈的战斗。没过多久,贺拉斯兄弟三人中的两个就倒在了克里亚斯兄弟的剑下。幸存的贺拉斯见状,既痛心又惊慌,但是看到受了不同程度伤的克里亚斯三兄弟后,他又立刻镇定下来,决定各个击破,于是假装逃跑。克里亚斯三兄弟果然中计,连忙追了上去,但是由于他们受的伤有轻有重,跑得有快有慢,没能同时赶上没有受伤的贺拉斯,所以被贺拉斯逐个打败。

俗话说,愿赌服输。既然最终是罗马代表胜出,那么阿尔巴隆加国王就应该遵守双方的约定,服从托里斯的统治,但是他没有兑现自己的承诺。他认为,只凭一次决斗就决定一个国家的命运,根本不能令他心服口服,所以他没有交出阿尔巴隆加城。不但如此,他还煽动附近的其他部族一起反对罗马。

罗马一下子成了众矢之的,只得忙于应付那些部族的挑衅,而无暇顾及阿尔巴隆加。而阿尔巴隆加国王自己呢,他在怂恿邻近部族帮助自己对付罗马之后却没有采取任何行动,而是一味地作壁上观,就像一个躲在一旁静观别人为自己出气的孩子一样。也正是因为这种愚蠢的行为,阿尔巴隆加才很快就被消灭。

击败邻近部族后,托里斯率领罗马大军浩浩荡荡地奔赴阿尔巴隆加,顺利地占领了阿尔巴隆加城。经过这番战斗,阿尔巴隆加城遭到了毁灭性的破坏。那个不遵守承诺的阿尔巴隆加国王被活捉,他背负了这场战争的全部责任。托里斯命人把他的两只脚分别绑在两匹马上,然后对他实施了罗马人最早的极刑——车裂。

至于阿尔巴隆加城里的居民,基本上都被强行迁移到了新开发的、位于罗马城附近的西里欧山上。不过,托里斯并没有强迫他们为奴为仆,而是继承了罗穆路斯同化战败者的政策,给了所有阿尔巴隆加人罗马公民的身份。

当然，为了严惩像阿尔巴隆加国王那样不守承诺的人，托里斯同时也制定了严惩不讲信用者和叛逆者的制度。确切地说，罗马人只有在有必要野蛮时才是野蛮的，但是在对待那些愿意臣服于他们的人时，他们是宽厚的，而且他们有本事同化对方，让对方变得跟他们一样宽厚。

所有的战败者都享受同等的公民权，他们也必须承担与罗马公民同等的义务，其中最重要的一项是服兵役。当年的萨宾人如此，现在阿尔巴隆加人也理应如此。阿尔巴隆加人继萨宾人之后加入罗马，使罗马的战斗力增强了许多。

塔克文王朝

公元前641年，第三任国王托里斯去世，继承王位的是第二任国王努玛的外孙——37岁的安库斯·马尔西乌斯。很多人会把萨宾人安库斯与努玛相比较，认为前者继承了努玛温和的个性，不喜战争，但时代并不允许他成为这样的国王。

虽然罗马已经征服阿尔巴隆加城，成了一个不容忽视的强国，但是它既无法避免与周边部族的武力冲突，也无法妥善解决内部的纷争。虽然萨宾人、伊特拉斯坎人居住在罗马，并像原住居民一样享有罗马公民权，但是他们依然像个"外人"一样，对自己的祖国念念不忘，随时想要复国。为了不给他们留后路，安库斯像托里斯一样发动了战争，并对他们那些残存的城市进行了毁灭性的破坏，致使他们内心愤愤难平。

好在安库斯继续奉行同化被征服者的政策。除此之外，他还在台伯河上架起了一座木桥——这是罗马的第一座桥梁，并逐步发展了制盐等利国利民的事业，既巩固了自己的地位，也方便了罗马全体公民的生活。时间一长，不管是萨宾人还是伊特拉斯坎人，都不再与罗马人针锋相对。

也正因为罗马城如此兼容并包，才吸引了卢基乌斯·塔克文·普里斯库斯。塔克文的父亲是从科林斯城逃到伊特鲁里亚的希腊人，母亲是伊特鲁里亚的一位大家闺秀，这样的结合在伊特鲁里亚是不被承认的，因为伊特鲁里亚人是崇尚血统论的民族，不允许具有外族血统的人进入自己的社会，尤其是上层社会。塔克文从小就深知这一点，他无法改变自己异族人的身份，但是又渴望提升自己的社会地位。就在他为此而苦恼时，他的妻子——女先知塔纳奎尔对他说："亲爱的，你何不去罗马碰碰运气？"经过一番考察，塔克文最终把目标锁定罗马城，希望它能改变自己的命运。

当时，几乎所有人都知道，只要是愿意在罗马定居的人，都可以成为罗马市民；此外，即便不是原住居民拉丁人，也有机会登上国王的宝座，成就伟业。这两点强烈地吸引了塔克文，使他决意带着全家老少和全部的家当，跋山涉水投奔罗马而来。

到了罗马，塔克文并没有像一个初到城里的乡下人一样，胆怯地与定居在罗马的伊特鲁里亚人套近乎，而是把自己从家乡带来的财物送给了罗马贵族。他相信，凭借雄厚的实力，他一定可以轻易地融入罗马人的社会。果然，短短几年，他就以王子监护人的身份成了国王安库斯的遗嘱执行人。

这个外国人对权力充满了渴望，他并不满足于只是进入上层社会，他更希望像萨宾人努玛和安库斯一样成为国王，让伊特鲁里亚人见识一下他这个"混血儿"的能耐。为了达到这个目的，在国王安库斯过世之后，他毛遂自荐，参加了罗马国王的选举，当选罗马的第五任国王，也是罗马第一位伊特鲁里亚人国王。

公元前615年，塔克文即位。他即位之后所做的第一件事情，就是把自罗穆路斯以来延续了将近140年的规矩——元老院的成员由100位贵族组成——打破了，因为元老院成员大多是拉丁人、萨宾人、伊特拉斯坎人，伊特鲁里亚人少得可怜，而他虽然当了国王，但仍然是一个根基不稳的"外人"。

于是，他就以罗马人口有了大幅度的增加为由，把元老院的人数增加到200人。当然，在新增加的人之中，许多都是伊特鲁里亚人，或是忠实地支持他的其他部族的人。就这样，元老院被注入了许多新鲜血液。

稳固了大后方之后，新国王就走上了继续征服周边部族的道路。不过，跟以前的国王不同的是，他并没有把被征服者强行迁移到罗马去，再捣毁他们的家园，而是让他们继续留在原住地，并赋予他们罗马公民权。这么做既能获得一笔丰厚的战利品，又能扩大罗马的疆域，而且不会引起被征服者的反抗，也不需要浪费资源在房屋的损毁和重建上。这一做法，在很长一段时间里都起到了和平扩大罗马疆域的作用。

在和平扩张的同时，塔克文还对罗马进行了大规模的开发。他认为，随着人口的增加，首先要解决的就是这么多人的吃饭问题。这时候，罗马的7座山丘上都已经住满了人，于是塔克文把目光投向了山丘之间的湿地。由于7座山丘之中的维弥纳山和埃斯奎里山海拔偏低，而且顶部平地过于狭窄，低地又沟壑纵横，而若想在此居住，首要的问题是排水问题，所以塔克文决定首先在这一带挖掘水渠。

为了顺利完成这个庞大的工程，他从生他养他的伊特鲁里亚引进了排水开垦、下水渠修筑、道路铺设等技术，还请伊特鲁里亚人前来指导，然后动用军队将工程付诸实施。接着，低地的水就被集中起来，引入了台伯河。

解决了排水问题的湿地，被开辟成了市场，吸引了周边的居民前来做买卖。为了遮盖和保护下水渠，塔克文还命人在下水渠上铺了石板，修建了宽阔、平整的街道。随后，与市场相映生辉的公共建筑物——神庙、圆形剧场等也陆续拔地而起，集市的规模越变越大。于是，后人称之为"古罗马心脏"的罗马广场，就这样诞生了。曾经粗陋的乡村式罗马摇身一变，成了一座奢华的伊特鲁里亚式城市。

其他地区的湿地，也以同样的方法解决了排水问题，建立了市场和城市配套设施。此外，居住在此地的人也可以大老远地走到另一地的人开辟的市场里，用随身携带的东西换回自己想要或缺少的东西。

总之，这种解决排水问题的方法，不但增加了罗马的可用土地资源，而且使得各个部族既保留了各自的特色又能相互交流。

此外，罗马王国面貌大变的事实，也让原本从事农耕的罗马人意识到了技术的力量。为了掌握更多的技术，他们一边学习和引进伊特鲁里亚人的技术，一边摸索和创新，希望能够青出于蓝胜于蓝。

而随着双方交往的增多，罗马人和伊特鲁里亚人之间的生意往来也越来越频繁，使得这两大民族的工商业水平得到了空前的提高。

塔克文通过一系列的努力，同化了罗马人和伊特鲁里亚人，加快了这两大民族的融合。他不仅是伊特鲁里亚人的骄傲，也让罗马人民感到自豪和欣慰。

塞尔维乌斯：推动罗马从氏族到国家的转变

人有时候就是那么奇怪，总会忍不住偏爱那些像自己的人，比如长辈往往会宠爱与自己有很多相似之处的孩子。罗马第六任国王塞尔维乌斯·图利乌斯，就是这样一个被宠爱的幸运儿。

塞尔维乌斯是老国王塔克文从外面捡回来的孤儿，由于当时年纪小，他连自己的身世都说不清楚，人们只能从外貌上判断他是伊特鲁里亚人。旁边有人说，没有谁见过这个孩子的父母；也有人说，这个孩子是拉丁城科尼库鲁姆贵族的后代；还有人说，说不定他是奴隶生的野孩子……

不过，无论别人怎么说，老国王塔克文都一样喜欢塞尔维乌斯，因为他觉得这个孩子跟自己是那么相像，而且有一种说不出来的亲切感，好像他家里的那些孩子都不是他亲生的，这个才是。于是，他把塞尔维乌斯带回了家，像对待自己的孩子一样抚养他、教育他。日子一天天流逝，当年的孩子也渐渐长大，成了一个既聪明又勇敢的年轻人。老国王塔克文对他的喜爱也日益增加，并且把女儿许配给了他。

老国王塔克文对塞尔维乌斯的偏爱，令先王安库斯·马尔西乌斯的两个儿子深感不满和不安。要知道，塔克文已经和平地统治了罗马30多年，他在市民和元老院贵族中的声望都很高，如果他推举有才华的塞尔维乌斯为他的继承人，那么安库斯·马尔西乌斯的后代就跟王位无缘了。因此，这两位曾经的王子决定先下手为强。经过一番谋划，他们终于在公元前579年成功地暗杀了塔克文。但他们的如意算盘还是落空了。由于王后的支持，塞尔维乌斯最终成功地登上了王位。

塞尔维乌斯即位之后，考虑的第一件事就是完成先王的遗志——建设保卫罗马安全的城墙。先王的确很有眼光，他挑选的继承者不但有勇有谋，而且比他更有魄力。塞尔维乌斯修建的城墙，把罗马的7座山丘和中间的平地连成了一个整体，为罗马人民的生命和财产安全提供了极大的保障。直到现在，还依然可以见到塞尔维乌斯城墙的断壁残垣。

在修建城墙以保障罗马安全的同时，塞尔维乌斯为了调整和推动罗马社会关系的新旧更替，还进行了大刀阔斧的改革。

进行改革之前,塞尔维乌斯首先开展了罗马的第一次全国人口和财产普查,以了解罗马的国力,再视情况决定具体的改革措施。根据人口普查结果,塞尔维乌斯按照地域重新划分出4个城区和十五六个乡村,并在这些地方设置管理机构,主要负责人口、税收登记和徭役摊派等事务。

按照财产普查结果,塞尔维乌斯把公民划分成6个等级,具体情况如下表所示。

塞尔维乌斯划分的公民等级

	相应等级应拥有的财产数目（单位：阿司）	相应等级应配备的森都里亚（百人队）个数（在所有的百人队之中,17~46岁的年轻者和47~60岁的年长者各占一半）	配备的武器
第一等级	≥10万	骑兵18个,重装步兵80个	全套武器
第二等级	7.5万~10万	步兵20个	自备武器
第三等级	5万~7.5万	步兵20个	自备武器
第四等级	2.5万~5万	步兵20个	轻装步兵
第五等级	1.1万~2.5万	步兵30个	棍棒、投石器
无产者	≤1.1万,或者唯一的财产就是子女	工匠和号手各组织2个,无产者提供1个,它们都是预备役部队,仅在危急时才被征召	——
合计	——	骑兵18个,步兵175个,共193个	——

身为罗马公民,所承担的义务之一是保家卫国,之二是缴纳税金,而且服兵役可以抵直接税,所以军队体制实际上就相当于税制或者选举制。谁承担的义务多,谁就可以理所当然地享有更

多的权利。

举例来说,假如当时有女人死了丈夫而且没有孩子,那么不论她的丈夫是怎么死的,也不论她为什么没有孩子,她每年都必须缴纳200阿司(古罗马铜币,1阿司重326克)作为饲养马匹的费用,因为她身为女人却没有尽到相夫教子的义务,自然也无权享受免税的权利。这一点不同于氏族社会,而是国家的特征之一,对既没有收入来源又没有依靠的女人无疑是雪上加霜。

此前的罗马,虽然称为"王国",但是居住在同一个地方的人基本上都有血缘关系,因此确切来说还是一个氏族。直到塞尔维乌斯建立了国家机构,罗马王国才真正称得上是一个国家。这也是塞尔维乌斯最为后世称道或者说是备受议论的地方。

在选举国家机构工作人员方面的改革,是用森都里亚大会取代了库里亚大会。库里亚大会又叫胞族会议或大氏族会议,起源于公元前6世纪左右,是罗马的市民大会之一。当时的罗马,共有30个库里亚,每个库里亚包括10个氏族,与会者只限于成年男子,在通过决议时30个库里亚各有一票表决权。大会有权决定是战是和、选举执政官、通过或否决法律法令以及审判重大案件。在行使权力时,人们非常重视血缘关系。

森都里亚大会则不同,它是以财产数目的多少为依据划分的百人队,具有明显的军事性质,而且被拥有一半以上森都里亚的第一等级控制,不再由全体氏族成员的一致表决结果来决定国家重大事务。因此,每次在为纪念战神玛尔斯而建的玛尔斯广场上进行投票选举时,只要按照6个等级从上到下的顺序投票——每个森都里亚各有一票,并且有半数以上投赞成或否决票,投票结果就已经确定。这时,底层的几个等级往往都没能来得及把自己的票投出去——即便投出去了也丝毫不会改变投票结果。

自从人们跟自己的邻居不再具有血缘关系,而且被分了等级,还必须服从管理,国家的象征——国家行政管理当局就在罗马落地生根,曾经的氏族社会就这样摇身一变,成了一个国家。

在罗马完成了从氏族向国家的蜕变时,虽然罗马公民不再平等,但是塞尔维乌斯同时也实施了一些对平民和奴隶有利的政策,比如释放债务奴隶、将贵族的土地分配给平民等。

或许他实行的一系列改革,都只是为了明确贫富差距,最终消灭它。但也许正因为如此,他才失去了许多贵族的支持,最终在当政44年之后被自己的女婿小塔克文谋杀。不过,他的统治是在稳定状态下结束的,这一点对一个统治者来说实在难能可贵。

王政时代的末路

古代中国奉行"传子不传贤"的继位方式,罗马人奉行"传贤不传子",他们往往会出于长远利益考虑,选择有才德者而不是儿子为继承人。比如第五任国王塔克文,他并没有把王位传给他的儿子,而是传给了他的女婿——德才兼备的塞尔维乌斯,塞尔维乌斯继位后的表现没有辜负他的期望。不过,塞尔维乌斯的女婿小塔克文并不具备贤德,他为了得到权力可以不择手段。

塞尔维乌斯有两个女儿,一个争强好胜、骄横残忍,另一个温柔娴静。先王塔克文有两个孙子,性情也截然相反,一个脾气暴烈、野心勃勃,另一个稳重敦厚。塞尔维乌斯希望他们四个人的性情能够中和一下,再视情况决定将来到底推举哪一个女婿来继承王位,于是按照自己的意愿让性情截然相反的两对表兄妹结成了夫妻。

然而事态完全出乎他的意料,或者说他根本就不善于识人。他不仅没有认清小女婿的真面目,也低估了大女儿的狠毒。大公主图利亚虽然按照父亲的意愿嫁给了她那稳重敦厚的表哥,但是她根本就看不起自己的丈夫,觉得他是一个懦夫,不可能给她带来好运,而自己的妹夫——卢基乌斯·塔克文·苏佩布,后世称之为小塔克文——则截然相反。她觉得,妹夫跟她性格相似、志趣相投,两个人在一起一定非常快乐,就主动勾引起他来。而小塔克文无疑也有同感,一有机会就和自己的大姨子厮混。

后来,不知道是什么原因,性情敦厚的大女婿和小公主竟然先后去世。图利亚成了寡妇,小塔克文则成了鳏夫,于是他们毫无顾忌地走到了一起。经过长年累月的忙碌,塞尔维乌斯逐渐衰老,难以掩饰疲惫之态,如今突然失去两个至亲的人,一时伤心欲绝,他没有也不想追究两个亲人的死因,但是从此日渐消沉。对于大女儿和小女婿的结合,他既没有表示赞成,也没有提出反对意见,只当自己什么都不知道。

可即便到了这一步,图利亚和小塔克文也依然无法安心地享乐。他们很清楚，虽然这时的塞尔维乌斯已经步入垂暮之年，但是在罗马，王位是终身的，继承人由众人推举产生，只要老国王一直活着，他就一直都是国王，如果他不愿意推举小塔克文为王位继承人，而是有意推举其他人，那么即便是国王的女婿，也不一定有机会成为下一任国王。这一点对争强好胜的图利亚来说显然是不能忍受的，因此她经常用言语刺激和挑唆小塔克文，希望他能够主动采取行动，夺取王位。

小塔克文原本就野心勃勃，如今有了妻子的怂恿，立刻进行了周密的谋划。他首先收买了在罗马定居的伊特鲁里亚人，然后成功地赢得了元老院中那些对塞尔维乌斯不满的新兴贵族的支持。

在一切准备妥当之后，小塔克文就带着全副武装的士兵闯进元老院，在众议员面前诋毁老国王塞尔维乌斯，说他是一个来历不明的人，由他来治理罗马显然是对全体罗马人的侮辱。虽然议员们都不赞同这种说法，但是他们也没有把小塔克文赶出去，有的是因为势单力薄，有的则根本就没打算这么做。

年迈的塞尔维乌斯闻讯，迅速赶到元老院，却被小塔克文当众杀害。随后，小塔克文既没有得到元老院的同意，也没有经过森都里亚大会的选举，就擅自登上了王位。即位之后，他依旧无视元老院和森都里亚大会，而且滥用私刑。人们见他不仅独断专行，从未把别人放在眼里，而且多疑善妒、傲慢跋扈、骄奢淫逸，背地里都叫他"傲慢王"。

独裁统治使小塔克文一点点地失去民心，他自己也意识到了这一点，为了缓解内心的不安，赢得民众的支持，他在外交上下了一番功夫。他与伊特鲁里亚人加强了联系，甚至强行与对方结盟，使伊特鲁里亚文化对罗马的影响达到了顶点……

值得一提的是，由于连续 3 任国王都是伊特鲁里亚人，因此有人甚至认为，在第五至第七任国王当政期间，罗马实际上是由伊特鲁里亚人统治的。这一点引起了其他部族的不满。不过，此后不久，伊特鲁里亚人就开始走向衰败。这好像一个凶兆，预示着小塔克文也必将像其他的伊特鲁里亚人一样退出历史舞台。

由于在政治上缺乏灵活性，小塔克采取了各种方式来消灭那些不支持他的贵族，对平民阶级则继续保持高压政策。他给平民阶级摊派了繁重的劳役，还经常派特务到处打探消息，残害反对他的人，以防止他们造反。

小塔克文对国内民众的压制和对外族的强行掠夺，使得他内外树敌，激起了包括他的亲戚在内的几乎所有人的反抗，人们纷纷密谋，想要推翻他。在他当政的第 25 个年头，即公元前 509 年的一天，一件说大不大说小也不小的事就像一根点燃的火柴一样，终于引爆了人们的愤怒和不满，使得贵族们联合起来废黜了他。

这件事是由小塔克文的儿子塞克斯图斯·塔克文引起的。塞克斯图斯是一个好色之徒，他看上了他的亲戚科拉提努斯的妻子鲁克蕾蒂亚，只是一直没有机会得手。此后不久，碰巧科拉提努斯随军出征，塞克斯图斯就只身去他家做客，打算找机会下手。科拉提努斯一家不知就里，只当他的到访是亲戚间正常的往来，热情地接待了他，当晚还安排他在客房休息。

等到夜深人静时，早就急不可耐的塞克斯图斯悄悄地走出客房,溜进鲁克蕾蒂亚的房间,把她从沉睡中惊醒。听见塞克斯图斯那低低的淫笑声,美丽、纯洁、善良的鲁克蕾蒂亚连忙开口呼救。塞克斯图斯塞住她的嘴巴,抽出短剑威胁并强奸了她,然后匆匆离去。

鲁克蕾蒂亚不甘受辱,她坐在床上伤心地抽泣了一会儿,然后走到书桌前,分别给她的父亲卢克莱修和丈夫科拉提努斯写了一封信,请他们带上可信之人,迅速回家商议要事。很快,卢克莱修就带着自己的亲信瓦莱里乌斯赶回了家。随后,科拉提努斯也带着自己的朋友尤尼乌斯·布鲁特斯回来了。鲁克蕾蒂亚向他们4个人诉说了自己被侵犯的经过,随后拿出事先准备好的短剑,猛地刺向了自己的胸口,她身边的4个男人迅速伸手阻止她,可是已经来不及了。在奄奄一息之际,她要求在场的所有男人发誓为她报仇。

看着她那永远不可能再睁开的双眼,卢克莱修和科拉提努斯再也忍耐不下去了。他们把鲁克蕾蒂亚的遗体放在罗马广场的演讲台上,向人们讲述了事情的经过。人们得知此事,纷纷指责国王一家的蛮横无理。布鲁特斯大声地对市民说:"我们绝不能再让纯洁、善良的女人受到这样的伤害……把塔克文一家全都赶出罗马!"他的演讲勾起了罗马人民的回忆,引爆了他们长期以来埋藏在心底的对小塔克文的不满。他们大声赞同布鲁特斯的提议,并且积极响应他的号召,参加了由他组织的部队。

布鲁特斯其实并不是人名,而是"傻瓜"的意思,它的由来要从布鲁特斯背负的国仇家恨说起。

布鲁特斯原名叫卢基乌斯·尤尼乌斯,是第六任国王塞尔维乌斯之子,当初小塔克文残忍地杀害他们一家时,他因为年幼而幸免于难。随着时光的流逝,他逐渐长大,在得知小塔克文杀害了自己的父亲和哥哥们的那一刻,他就下定决心要报仇雪恨。为了积蓄力量,也为了打消小塔克文对他的疑心,他一直隐忍不发,假装成傻子,因此得名。

虽然外人都认为布鲁特斯是傻子,但这只不过是假象。他毕竟是先王的后代,所以有机会接近权力中心,而他本人也足够冷静、睿智,时刻都在观察时局。他认为,集权统治已经不适合越来越强大的罗马。

在得知小塔克文那好色的儿子强奸了贵族妇女这件事之后,他认为时机已经成熟,立刻撕去傻子的伪装,揭露了小塔克文夫妇弑父篡位、残害人民的罪行,号召人们推翻小塔克文的独裁统治。

在外征战的小塔克文得到消息,迅速带领部队赶回罗马城,到了城下才发现城门紧闭,他已经被罗马人民逐出了罗马。小塔克文无奈,只好带着两个儿子和追随自己的士兵投奔了伊特鲁里亚人,准备伺机东山再起。王后图利亚早已逃离罗马城,不知所终。至于惹祸的塞克斯图斯,则在逃亡途中被曾经受他欺压的人杀死了。残暴而又傲慢的小塔克文,就这样结束了他的政治生涯。

从建立罗马城的第一代国王罗穆路斯到小塔克文倒台,延续了244年的王政时代结束了。虽然这种国王一个人集众多权力于一身的统治方式相对来说比较落后,但幸运的是,前后7位国王的统治总体来说还是比较稳定的,而且此时的罗马尚处于幼儿期,需要国王这样的监护人来保护。

第三章 三权分立：共和制的形成

布鲁特斯建立共和制

在鲁克蕾蒂亚事件中,布鲁特斯最积极,功劳也最大,所以在小塔克文被赶出罗马之后,他就接管了小塔克文的首领身份和权力。布鲁特斯不想重蹈小塔克文的覆辙,因此没有走上独断专行的道路,而是建立了一个新的社会制度——共和制。刚刚赶走小塔克文,布鲁特斯就把市民召集到广场上,要求他们起誓:"从今以后,无论是谁,都不得侵犯罗马市民的自由……"这迎合了市民的心声,人们纷纷表示支持和拥护。布鲁斯特取消了国王的称号,规定每年由森都里亚大会选出两位执政官代替国王执政。他自己当选其中一位执政官,另一位当选者是科拉提努斯。

执政官任期一年,两位执政官的权力均等而且受一定制约,他们平时是罗马的统治者和法务官,战时是罗马军的统帅。人民如果对执政官有什么意见,随时都可以提出来。至于管理国家、制定法律和选举公职人员等事宜,则由元老院负责。这么一来,罗马就从一个国王专制的国家变成了一个多人共治的共和国。

原本由国王一个人负责的事情,现在改由两位执政官共同负责,确实有效地防止了独裁统治。不过,布鲁特斯认为,要想使共和制度更有效地发挥作用，还需要一个既有权力又有威望的稳定机构，因此他进一步强化了元老院的职能，还把元老院议员的人数增加到了300人。新任命的议员，都是新兴势力中有权势家族的家长。

这时，虽然国王已经由两位执政官取代，但是罗马的权力结构依然如故，即仍旧是国家最高权力者、元老院和森都里亚大会三足鼎立。

对平民来说，虽然专政政体已经成为过去，但是每年更换一届的执政官依然主要来自由贵族阶级组成的元老院，这对他们的生活并没有太大影响，他们也没有能力改变什么，所以他们依然像以前一样过日子。

但是，在罗马那些有权有势的年轻人看来，这种转变显然非常糟糕。自从政体改变之后，只有一家之长才有资格当选元老院议员，而年轻人一般都还没有达到成为家长的年龄。相比之下，王政时代的要求就低多了，只要得到国王的赏识，无论是谁，也无论多么年轻，都有可能得到提拔。这种差别让那些想要一显身手的名门子弟对共和政体非常不满，他们总想伺机恢复王政体制，而且就像一个任性的孩子无论如何都要满足自己的要求一样执着。

一败涂地的小塔克文也不甘心，妄图夺回失去的权力。他暗中联络并煽动这些贵族青年，妄图跟他们里应外合，推翻共和国。

一天夜里，这些踌躇满志的贵族青年悄悄地相约来到其中一个人家里，秘密地商量如何请回小塔克文。商定计议之后，他们用流着鲜血的手指代替笔墨，在誓约书上留下了自己的名字。谁知门外的一个奴隶偷听到他们的秘密计划，并悄悄地向执政官告了密。

两位执政官得报，迅速逮捕了所有参与密谋的年轻人，没收了他们的誓约书。不过，紧接着两位执政官就陷入了痛苦的抉择之中，因为他们太熟悉这些年轻人了。那个告密的奴隶的小主人，是执政官科拉提努斯的外甥；那两个长得很像执政官布鲁特斯的年轻人，都是布鲁特斯的儿子……

虽然这事情非常棘手，但两位执政官还是立即召开了市民大会。在会上，署有贵族青年名字的誓约书被公之于众。根据法律，这些贵族青年犯了叛国罪。面对这样的宣判，他们一直一言不发，好像是局外人似的。民众默默地关注着事态的发展，在看到科拉提努斯的脸上闪现出泪珠时，他们认定这些年轻人是不会死的，于是提出了将这些年轻人流放的建议。

布鲁特斯的表情一直非常严肃，后来他终于打破沉默，以一家之长的身份问两个儿子："你们为什么不为自己辩解？"这个问题他连续问了3次，可是两个年轻人始终默不作声。布鲁特斯无奈，只好命令卫兵："按家规处置。"在罗马，家长对自己的孩子具有生杀予夺的权利。

随后，布鲁特斯的两个儿子被脱去衣服，双手反绑着接受鞭笞。看着两个年轻人被打得皮开肉绽、血肉模糊，在场的人都不忍心再看，纷纷转移了视线。但是，布鲁特斯一直紧盯着这两个青年，直到他们掉了脑袋，不再感到疼痛，这位做父亲的才转身离去。至于其他叛国的青年贵族，也像这样失去了年轻的生命。

布鲁特斯这种有违人性的做法，虽然证明了他的公正，但也让人们觉得他是一个置亲情于不顾的冷血动物。不过，对一心维护刚刚诞生的共和制的布鲁特斯本人来说，人们对他的负面评价都是次要的，真正令他担心的，是小塔克文不会打消夺回王位的念头。

这种担心不是没有根据的。被逐出罗马之后，小塔克文不停地奔走于各个伊特鲁里亚部族之间，从他们那儿借到了军队，一下子就恢复了昔日的威风。在得知罗马贵族青年复辟失败之后，他就率军奔赴罗马城，准备依靠武力夺回原本属于自己的一切。

在处置叛国的贵族青年时，由于审判席上的科拉提努斯流下了眼泪，市民对他产生了怀疑，所以他主动辞去了执政官一职，带着家人去了邻国。接管他职位的是贵族瓦莱里乌斯。得知小塔克文出兵，布鲁特斯立刻率领骑兵队迎敌，瓦莱里乌斯率领步兵紧随其后。

两军在距离罗马城一天路程的地方相遇。这里几乎到处都是树林，只零星分布着一些狭窄的空地，光线有些昏暗。小塔克文的骑兵队指挥是其长子阿隆斯。阿隆斯对布鲁特斯充满愤恨。如果不是布鲁特斯，阿隆斯也不至于到处流亡。因此，一见到布鲁特斯，阿隆斯就提出了一个建议：两军指挥官先进行一场一对一的决斗。布鲁特斯一直被公私无法兼顾的问题困扰，甚至因此而绝望，就把一切都抛在脑后，接受了挑战。

在士兵的注视下，两位指挥官展开了一场激烈的战斗。两个人势均力敌，一时难以分出高下，可是谁都不愿意退让。当几乎同时被对方的长矛刺中心窝时，这两个人才从马背上跌落下来，闭上双眼。

士兵们看到自己的主将战死，立刻冲向敌军阵营，与敌人短兵相接。随后赶到的步兵也加入其中。双方势均力敌。经过一天的厮杀，这场战争以罗马军险胜而告终，小塔克文也在混战中死去。

瓦莱里乌斯带着布鲁特斯的遗体回到罗马，为他举行了国葬，并要求罗马所有的女人像为父亲守孝一样为布鲁特斯服丧一年。对正因为布鲁特斯的壮烈牺牲而悲伤的罗马人民来说，瓦莱里乌斯的这些做法是无可指摘的。但是，对于他在凯旋时乘坐4匹白马战车的行为，罗马人民倍感愤怒，因为他这么做分明就是在炫耀自己的王者风范。

除此之外，瓦莱里乌斯家那栋气派的别墅也让罗马人民想起了国王的宫殿。再加上瓦莱里乌斯迟迟不让大家选举接替布鲁特斯的执政官，罗马人民心中的怨气越发强烈，而就在这时，传出了瓦莱里乌斯想当执政官的消息。

为了证明自己的"清白"，瓦莱里乌斯派人连夜拆除了自己家的大房子，搬进一个简朴的小屋里，并且允许人们自由出入自己的家，以便他们能够亲眼看到自己过的是什么日子。随后，瓦莱里乌斯还制定了执政官不干预国家财政的法律，并声明：只要是对法务官的判决不满的罗马市民，都可以提起诉讼。这些法律体现了对人权的尊重，不但打消了人们对他的怀疑，还为他赢得了"亲民者"的好名声。因此，在次年的选举中，"亲民者"再次当选执政官。

小塔克文被驱逐之后，与他同族的伊特鲁里亚人的地位变得微妙而又尴尬，因此许多伊特鲁里亚人都离开了罗马，这使得罗马的技术和经济实力大大下降。为了阻止这种糟糕的情况持续下去，"亲民者"对他们百般示好。除此之外，他还给商人们减了税。于是，一些原本不从商的人也被吸引，纷纷经商，从而解除了罗马不得不再以农牧业为主要经济来源的危机。

上述这些举措,既巩固了普通市民对"亲民者"的拥戴,也为"亲民者"赢得了新兴的中产阶级的支持。也正因为如此,"亲民者"才得以4次当选执政官。到公元前503年,在"亲民者"的诸多努力下,6岁的共和制终于在罗马站稳了脚跟。

贵族阶层的权力

贵族和平民有什么区别?同样聪明、年龄也相仿的两个人,只因为家庭出身不同,就有了不同的命运,一个锦衣玉食,一个却破衣烂衫。在好不容易巩固了共和制之后,罗马又迎来了一个新问题:共和似乎背离了人们的初衷,成为贵族阶级专有的权利。

布鲁特斯当初建立共和制的目的,是不让国王再骑到民众头上作威作福,因此他用两位执政官取代了国王,还给了民众监督执政官的权力。后来瓦莱里乌斯执政,他为了维护民众的利益,也做出了许多努力。可是,共和制在罗马扎根不久,长期以来国家最高权力者、元老院和森都里亚大会三足鼎立的权力结构就开始瓦解。原来所说的惠及全体国民的共和,成了仅供贵族阶级享用的奢侈品。也就是说,罗马并没有实现真正彻底的共和,只是由王政时代国王一个人的专政变成了多个人——贵族阶级的专政。

贵族阶级大都非常富有,可以通过缴纳税金的方式免于服兵役,而且他们还有大片的农田和牧场,以及最强有力的武器——被保护民。罗马贵族之所以能够成为贵族,并不是因为他们具有高贵的血统,也不是因为他们备受国王或执政官的青睐,而是因为他们是一家之长,其门下具有众多的因血缘、地域等关系而联系在一起的人,即"被保护民"。

被保护民主要是贵族的亲戚、随从、家丁和奴隶,他们依赖于贵族而生存。具体来说,如果被保护民决定创业,那么贵族往往会鼎力相助,甚至求助于跟自己关系不错的其他贵族,以便被保护民能够尽快开业。除了就业问题之外,在子女的婚姻、教育乃至诉讼问题上,贵族也有义务和责任为被保护民提供意见和帮助。

贵族也离不开被保护民,二者之间是自然而然的相互依存的关系。当贵族的财政状况出现问题时,被保护民会把自己兜里的钱掏出一些给贵族,帮助他渡过难关。万一贵族被人绑架,被保护民会奔走相告,多方筹集赎金。而且,由于被保护民人数众多,贵族收到的"保护费"自然也多,因此即便不劳动也能无忧无虑地吃大餐、睡大觉。贵族阶级需要操心的,只是利用自己的权势帮助被保护民们解决他们无力解决的问题。

正因为贵族和被保护民相互依存,所以当贵族因为拥有辽阔的牧场而必须缴纳大笔税款或提供大量兵源时,被保护民都会自觉地走上战场;当贵族遭到外界的袭击时,被保护民会跟贵族团结起来,一致对外。从这个意义上说,贵族的依托并不是土地,而是人。因此,虽然他们在数量上处于劣势,但是他们非但不弱小,反而深深地扎了根,是一股难以撼动的力量,势单力薄的平民根本无法与之相抗衡。

另外，每年的执政官选举，也是由元老院这个主要由贵族阶级组成的团体负责的，无论怎么选，平民都很少有机会成为执政官，理由是平民大多不具备担任执政官的能力。这一点不无道理，但是同时也意味着执政官和元老院之间的距离越来越小，以至于罗马这个三足之鼎就像缺了一条腿似的，不再稳固。随着执政官和元老院逐渐合二为一，平民的意见几乎不再被采纳。

在法律问题上，也由贵族说了算。有一位名门望族出身的青年看上了一个美丽的姑娘，遗憾的是这位姑娘是平民出身，而罗马的法律是禁止贵族和平民通婚的，要想把这个美丽的姑娘据为己有，贵族青年只能让她做自己的情人或奴隶，但是他又没有把握确定她愿意当自己的情人，就指使他的一个手下对外宣称这位姑娘是他们家的女奴所生。由于奴隶的孩子仍然是奴隶，而奴隶又是奴隶主的私有财物，所以他如愿以偿地得到了这位姑娘。

此时姑娘的父亲正在前线打仗，在得知这一消息之后，他立刻回到了罗马。见到被强行霸占的女儿，很少落泪的他忍不住老泪纵横，随后将一把短刀刺进女儿的胸口，说："只有这样，你才能获得自由。"

一切都由贵族说了算，平民们只有逆来顺受，把一个人的专政变成多个人的专政，就是所谓的共和吗？平民们陷入了困惑和不满之中，他们爱自己的国家，愿意为自己的国家流血、牺牲，但他们也希望自己有被尊重的权利。

平民阶级争取平等权利

哪里有压迫,哪里就有反抗。贵族阶级的专政使罗马的平民们一度陷入了苦恼、迷惘乃至绝望之中,但他们后来还是选择了反抗。不愿意任人宰割,也不甘心白白浪费自己的生命,他们进行了勇敢的尝试。

在共和制诞生之初的那十几年里,为了抵抗由小塔克文集结的伊特鲁里亚人,以及乘虚而入的邻近部族,罗马人民一致对外。在此过程中,占据了罗马多数人口的平民阶级逐渐认识到了自己的力量。他们发现,没有他们参战,罗马根本无力对抗外敌,更不用说维持经济发展了。

然而,平民阶级享有的待遇可比贵族阶级差远了。这一残酷的事实让平民们逐渐觉醒,他们变得躁动不安,纷纷从床上爬起来,一起去找贵族们理论。不过,在与贵族对话时,平民只要求给予他们平等的权利,而没有要求改变由一小部分人统治大多数人的共和政体。

看到这些不懂政治的"大老粗"一脸激动的表情,不想让平民参政的贵族们窃喜不已,觉得平民是那么的无知、可笑。而贵族们越是有这样的看法,就越是对平民不屑一顾,更不用说给他们平等权了。到这一步,平民不但没有取得任何成果,反而被贵族们当成了愚蠢、没用的家伙。

然而,事实证明贵族们的想法是错的。这一天,当贵族们正在商议如何应付情绪激动的平民时,烽火台上狼烟冲天。一位执政官得知有外敌入侵,立即向平民们妥协了,他发布了一则通告,表示会考虑平民的要求,并号召全体罗马人都投入到战斗之中。

对视名誉为美德的平民来说,无论是多么重大的事,都不能成为不上战场杀敌的理由。而且,他们还对贵族阶级怀着一个美好的愿望:战争一结束,贵族阶级就会让他们如愿以偿。因此,他们纷纷扔下手里的农具,拿起武器赶赴战场。

这场战争最终以罗马取得胜利而告终。凯旋的士兵天真地认为,要不了多久,执政官就会兑现诺言。可是,一旦威胁解除,贵族们就会忘记自己被外敌吓得躲在家里不敢去参加元老院会议的窘态,也忘记了他们之前许下的诺言。

一位执政官说,当初另一位执政官是在没有经过他的同意的情况下发布通告的,而罗马国内不成文的规定是,任何一项决策都必须经由两位执政官一致同意才能通过,所以那则通告是无效的。

这个理由是符合规定的,让平民们找不到一点儿破绽,却一下子激起了他们的愤怒,也让他们认清了贵族阶级的真面目。当狼烟再次升起时,他们没有再响应执政官的号召,而是艰难地舍弃名誉、撤离家乡,集中转移到了埃斯奎里山和阿文提诺山上,拒不出战。

元老们无奈,只好认真地讨论起对策来,最后一致决定推举独裁官。独裁官集中拥有两位执政官的权力,可以进行独裁统治,他所做的决定任何人都不得违背,因此只有遇到紧急情况,元老院才会推举独裁官,并且规定独裁官的任期只有6个月。

贵族们推举了马尼乌斯。马尼乌斯是"亲民者"瓦莱里乌斯的弟弟,他与平民一直保持着融洽的关系。他一出面,平民们就纷纷走下山岗,一致抵抗外敌。由于集体意识很强,罗马士兵这一次又取得了胜利。

任期一结束,马尼乌斯就把权力交还给了两位执政官,同时提出了禁止剥夺欠债市民的自由的建议。但是,在森都里亚大会上,拥有大多数票数的贵族们否决了这一提议。平民们不得不像上次一样被动地接受这种结果,但是他们内心的愤怒也更加强烈了。这一次,他们撤离了罗马城,来到远离7座山丘的蒙特萨克罗山一带。

时间一天天过去,元老院逐渐认识到问题的严重性。如果邻近各个部族得知罗马国内两个阶级正在对抗,一定会乘虚而入——说不定这时他们已经在前往罗马的路上了。一想到这些,贵族们就坐立不安。于是,公元前494年的一天,平民们终于得以第一次与贵族们坐在同一张桌子上谈判。

谈判的结果,是贵族们同意设立一个专门保护平民阶级利益和权利的职位——护民官,而且担任护民官的人必须是平民,其选举也只能由平民另设的平民大会负责,早已被贵族阶级操控的森都里亚大会不得插手。

护民官人数为两个,他们享有任何人都不得侵犯的人身权,也有权否决执政官做出的决定。如此看来,平民们好像总算取得了全胜。不过,护民官毕竟只有两个,他们在与人数众多的贵族阶级交涉时难免势单力薄，所以很难发挥太大的作用。但话又说回来了，有这样两个护民官总比一个也没有好。

护民官的设立，既是平民们取得的一次小胜，也帮助贵族们稳定了政局，使他们得以修复与邻族之间因连年战争而不断恶化的关系，并且继续进行扩张。在大家的一致努力下，罗马军经常打胜仗，得到的战利品当然也不少。可是围绕着如何分配战利品的问题，平民和贵族又产生了分歧，其中最主要的是"公有地"的出租问题。

公有地原本是外族人的土地，在打败这些外族人之后，罗马就把这些土地变成了自己的，并以公有地的名义分租给了罗马市民。不过，当时的法律只停留在口头约定上，在执行时也容易偏向制定法律的贵族阶级。当平民阶级发现自己租到的土地非常贫瘠，而贵族阶级租到的土地却很肥沃时，就认为公有地的分租是偏向贵族阶级的，因此提出了强烈的抗议。而贵族们呢，却以尊重私有财产的法律为挡箭牌，拒绝重新分配公有地。面对这样的搪塞，平民们又是一点儿办法也没有。

不过，随着见识的增长，平民阶级的力量逐渐壮大起来，为争取平等而做的努力也越来越多，其中之一就是要求剥夺贵族阶级解释法律的权力，让法律成文化。考虑到平民阶级是战争的主要力量，元老院不得不向平民们妥协。他们派出一个3人考察团，向希腊人学习制定法律的经验。一年之后，这3个人回到罗马，与另外7个人组成了"十人委员会"，负责编写成文法。很快，罗马最早的成文法就诞生了，由于它总共有12条，而且刻在古罗马广场一角的铜表上,所以人们称之为《十二铜表法》。

这一年是公元前449年,距离共和制建立的日子已有60年,也就是说,平民是在与贵族斗争了半个多世纪之后才取得了一些成果的。而这一成果是不是平民想要的呢?《十二铜表法》的出台,看起来好像表明平民是胜利的一方,可事实完全不是那么回事,因为其中的每个条款都是国内原本就有的。

平民们所关心的问题,一个也没有得到解决。平民们最关心的,是无法还清债务时的人身自由问题,但是十二铜表法中的相关条款跟国内的不成文规定一样:"借款人如果无法在双方约定的期限内还清债务,将被拘留60天;60之后依然没有还清债务,要么以无偿劳动来抵债,要么卖身为奴,正在服兵役的除外。"这样的成文法,有没有好像都一样,也令人不禁怀疑:考察团到希腊真的学习过人家的法律吗?

更令人气愤的是,当这一成文法不但制约了平民,也制约了贵族时,依然有贵族像以前一样按照自己的意愿解释法律。为了表示抗议,他们离开了自己的家园,再一次聚集到蒙特萨克罗山上。元老院不想让事态进一步恶化,只好严惩不遵守法律的贵族,并且答应以后无论设置什么样的立法机构都会事先征得平民方面的同意;规定平民所欠债务一律停止付息,已经支付的利息转为支付的本金,尚未还清本金的分三年偿还……

到这里,平民阶级终于像贵族一样有了话语权。不过,由于贵族阶级的根基很稳固,平民阶级一时没有办法动摇它,所以平民并没有取得完完全全的平等,此后的罗马也没能走上民主的道路,很多重大事务依然由贵族做主。

在公元前449年至公元前367年这80多年的时间里,平民阶级和贵族阶级的对立一直没能得到彻底解决,罗马也一直在为此而不断地探索,直到他们不得不再次联合起来对付强大的外敌。

为了抵抗外敌,平民们不得不撇下年迈的母亲、柔弱的妻子和幼小的孩子,走上沙尘飞扬的战场,可最后他们得到的又是什么呢?

自从他们走上战场,他们的农田就开始减产,牧场也逐渐荒芜,商店里越来越空……那些在战争中幸存的人,回到家之后生活大都无以为继,或是不知道要如何开始新生活,因为长年的战争不但摧毁了他们美好的家园,还削弱了他们的劳动能力,也让他们感到未来一片迷茫。

平民们为了保护自己的国家上战场,生活没有保障,贵族阶级不上战场不耕地,依然生活得有滋有味儿。因此,平民们渴望拥有更多的权利。

第一部成文法——《十二铜表法》

罗马共和国初期并没有成文的法律,当时的法律只是一些约定俗成的条款,由于没有以文字形式做出明确的规定,具有很大的随意性、伸缩性和不确定性,为法官偏袒贵族提供了便利。

公元前455年夏季的一天,平民盖尤斯在自己的田地里除草。

看着长势喜人的庄稼，盖尤斯不禁感到欣慰，心想今年应该能够丰收吧！就在这时，贵族奥卢斯驾着马车从田间的小路上疾驰而来，吓得田间的一只老鹰腾空而起，马因此受惊，冲进盖尤斯的田里，踩坏了庄稼。盖尤斯见状，急忙上前跟奥卢斯理论，谁知奥卢斯不但不讲理，还举起马鞭毒打了盖尤斯一顿，随后扬长而去。盖尤斯被打得皮开肉绽，愤怒之下起诉了奥卢斯，想为自己讨回公道。谁知到了法庭上，法官却做出了这样的判决：贵族奥卢斯不需要担负任何责任！因为自罗马城建立以来，就没有贵族向平民道歉的先例，更不用说赔偿了，而且此案是由平民盖尤斯不尊重贵族奥卢斯引起的，盖尤斯挨打是罪有应得。

总之，习惯法主要保护贵族阶级的利益，却损害了平民阶层的权益。这种不公正的法律，激起了平民的强烈不满，迫使平民进行了坚持不懈的斗争。为了缓和阶级矛盾，巩固共和政权，罗马共和国终于在公元前449年颁布了第一部成文法——《十二铜表法》。

《十二铜表法》的内容涉及法律诉讼的程序、债务纠纷、家庭关系、财产继承、犯罪以及刑罚等方面，本质上还是维护贵族阶级利益的——比如第十一表禁止贵族与平民通婚，可以说《十二铜表法》只不过是习惯法的汇编。上文中提到的对债务纠纷的处理，既是习惯使然，也是按照《十二铜表法》进行的。

不过，《十二铜表法》毕竟打破了贵族阶级对法律的垄断，多多少少约束了那些专横的贵族，维护了平民阶级的利益。

无论是习惯法还是成文法，在公元前3世纪时都只针对罗马公民，因此它们也可以称为公民法。随着罗马的逐步壮大，在罗马境内居住的外邦人也越来越多，如果外邦人涉案了，又该怎么办呢？

艾哈迈德是一位来自小亚细亚的商人，已经在罗马定居多年，一直在罗马城内做小生意。公元前44年的一天，他像往常一样从外地进货回来，可是到了罗马街头，车上的货物竟然被一群无赖哄抢一空。艾哈迈德急得直跺脚，无奈之下只好向法庭求助，没想到法官却不受理此案，因为艾哈迈德不是罗马公民。

这样的事情越来越多，致使许多外邦人都不愿意在罗马定居。为了解决这一问题，罗马政府不得不进一步完善法律，制定了适用于居住在罗马境内的所有人的法律——万民法。万民法是对公民法的补充，它提高了平民的经济和社会地位，激发了平民的爱国热情，也使越来越多的平民开始积极参政，较好地理顺了罗马国内错综复杂的利益关系，促进了各民族的共同发展，维护了社会稳定，巩固了罗马政权。

为了维护公正，实现"人人平等"，古罗马哲学家、政治家、演说家西塞罗还提出了自然法。自然法并不具备具体的法律条文，只是一种法律观念，它主张法律应该更多地体现正义和理性，对当时和后世的统治者都产生了一定的思想冲击。

公元6世纪中叶，罗马东部帝国皇帝查士丁尼一世颁布了《查士丁尼民法大全》，该法的内容之丰富、体系之完善是世界史上其他法律无法比拟的，它标志着罗马法发展到了完备阶段。它不但有助于调解复杂的社会矛盾、巩固罗马东部帝国的统治，还对后世产生了深远的影响。美国的《独立宣言》，就是以罗马法为基础制定的。

第四章 伤痛中求生：古罗马人捍卫家园

维爱战争

台伯河全长405公里，是亚平宁半岛境内仅次于波河、阿迪杰河的第三大河，沿岸风景优美、经济发达，而且想从亚平宁山区到达地中海的人们都视其为理想通道。不但如此，其河口还分布着大量的盐场。因此，无论是位于台伯河下游地区的罗马，还是主要分布在台伯河北岸的伊特鲁里亚部落，都视其为"香饽饽"，并为了争夺它而在伊特鲁里亚重地维爱先后进行了3次战争，史称"维爱战争"。

维爱城位于罗马城东北部，深受希腊文化的影响，比罗马起步早，也比罗马富强，一直是罗马的劲敌。在王政时代的第三任国王托里斯当政时，罗马就已经开始与维爱交战了。后来伊特鲁里亚人塔克文成为罗马第五任国王，与伊特鲁里亚人和平往来，因此双方停止交战，直至塔克文被暗杀。

从此以后，罗马人和伊特鲁里亚人就重复上演着"今天对抗，明天又讲和"的剧目。

大约在公元前477年，罗马军还没有完全摆脱共和政体初期的混乱，就再次出兵维爱城，结果吃了败仗，只好与伊特鲁里亚人和谈。

在和睦相处了大约半个世纪之后，双方再起争端。当时，维爱军经常袭击罗马的费丹那城，还随意践踏费丹那城周边的农田和牧场，这些举动点燃了当地人的怒火，双方发生了多次小规模的战斗。每次战斗，维爱人一看见罗马人出动就立刻撤得远远的，等罗马人散开，他们再跑回来，到处掠夺财物，令罗马人苦不堪言。不过，除了伊特鲁里亚人之外，罗马人还要应付阿奎利亚人、沃尔基亚人等外敌，因此无法全力对付维爱敌军。后来，费丹那城沦陷，第一次维爱战争就此结束。

公元前428年，罗马执政官柯苏斯亲自率大军出征，攻打费丹那城，第二次维爱战争爆发。罗马军夺回费丹那城，杀死维爱王，一雪前耻，并与维爱签订了停战协议。战争结束之后，罗马军来到卡比托利欧山的朱庇特神殿，将自己的甲胄献给朱庇特神，感谢他保佑罗马取得了胜利。

在双方相安无事21年之后，罗马为了彻底消灭维爱这个宿敌，出兵维爱城，第三次维爱战争拉开序幕。谁也没有想到，这场战争竟然持续了10年之久。

在罗马大军出兵之前，维爱人修筑了防御工事，加固了城墙，准备了充足的备战物资，对守住城池充满信心。战争开始之后，维爱人被围困得苦不堪言，罗马军的日子也一样艰难。维爱城非常坚固，一时难以攻克，再加上长期在户外扎营，深受恶劣环境的困扰，罗马士兵们的情绪越来越低落，战斗力也因此而削弱，以至于这场战争持续了10年都没能结束。在此期间，罗马军几易主帅，士兵也换了一拨又一拨。

公元前396年，一筹莫展的元老院又一次采取了推举独裁官的措施，马库斯·弗里乌斯·卡米路斯当选。卡米路斯出身罗马的普通贵族家庭，他既公正又讲信义，更难得的是有先见之明，还有很强的组织能力和执行力，他执政之后，首先率军征服了法利斯卡人，然后才奔赴维爱战场。

到了维爱城下，卡米路斯亲自侦察地形，发现强攻只会白白耗费武力，就派人悄悄地挖掘了一条条地道，然后故意在城外叫阵，转移了维爱军主将的注意力。与此同时，一大批罗马军沿着地道潜入城内，打开了城门。他们与城外的罗马军里应外合，终于攻占了维爱城。

因台伯河而引发的断断续续的战争，最终在台伯河岸边结束。它标志着罗马军事扩张时代的来临，是罗马在通向世界强国的道路上留下的第一个脚印，在罗马历史上具有重要意义。尤其是最后一场战争持续了10年，它不但为罗马赢得了大量的财富和肥沃的土地，也令曾经强盛一时的伊特鲁里亚民族从此一蹶不振，还震慑了周边一些对罗马充满敌意的部族，使他们纷纷与罗马结盟。

不过，维爱战争刚刚结束，罗马的贵族和平民就像以前一样，再一次迫不及待地展开了斗争。结果，维爱战争的大功臣卡米路斯被迫流亡国外，随后罗马也迎来了一个比伊特鲁里亚这个宿敌更强大的敌人。

平民们不但渴望摆脱贵族的压制，也非常喜欢维爱那些气派的街道，想把那里作为他们的大本营，因此护民官们就以稳固刚刚攻占的城池和让人们的住处更加宽敞为由，建议将维爱城建设成与罗马地位相等的第二都城。

对于这个建议，以独裁官卡米路斯为首的贵族们提出了强烈的反对意见，理由是：诸神都居住在罗马，他们一直在保卫着所有的罗马人，如果再建一个都城，就是对诸神的背叛，会给罗马带来灾难。双方谁也说服不了谁。

平民的立场非常坚定，要求立刻投票表决。卡米路斯为了拖延时间，设法用其他事务来分散平民的注意力。平民们对此非常恼火，但是同时也意识到，卡米路斯毕竟是独裁官，而且是攻取维爱城的最大功臣，他所说的话具有很大的分量，与他进行正面交锋是毫无胜算的。因此，他们改变了策略——以盗窃战利品的罪名检举卡米路斯。

在进攻维爱城之前，卡米路斯曾经立下誓言，说一旦攻下维爱城，他就把战利品的1/10进献给神。维爱战争结束之后，他兑现了誓言，不过由于他在做这件事情时没有征求过任何人的同意，所以没有人愿意站出来证明这些战利品确实是进献给神了，于是平民们抓住这一点，指控他盗窃了战利品。

这时卡米路斯的任期已满，失去了不可侵犯的权力，没有人再替他辩护。在战争期间，他曾经毫不留情地让士兵们在户外过冬，也给士兵们留下了坏印象……

曾经的大功臣卡米路斯，一下子陷入了孤立无援的境地之中。他意识到，除了主动流亡国外，他没有第二个选择。于是，一天深夜，在被保护民的掩护下，他悄悄离开了罗马。

胜利的罗马人如愿迁移到维爱,个个心满意足,却没有意识到潜在的危险——随着维爱战争的结束,罗马也失去了台伯河北岸的那道天然的屏障——由伊特鲁里亚民族形成的一道防御线。

野蛮的高卢人入侵罗马

生存的道路是充满伤和痛的,维爱战争结束之后不久,罗马城就迎来了一个比伊特鲁里亚人更强大的敌人——高卢人。

高卢民族是一个古老的族群,大约在公元前7世纪中叶,他们就已经开始聚居在被他们的祖先称为"不列颠尼亚"的群岛(包括现在的苏格兰、爱尔兰、威尔士,以及法国的布列塔尼半岛)上。高卢人只是罗马人对他们的称呼,希腊人叫他们凯尔特人。

大约在公元前6世纪时,高卢人过上了迁徙的生活。他们并没有一下子全体出动,而是像夏天里持续掠过麦田的风一样,自北向南拂过大地,同时向东、西两个方向蔓延。每当新一批高卢人出动时,原有的一批高卢人就会顺着"风向"向前推移。公元前4世纪初期,这个迁徙部落的先头部队转移到了亚平宁半岛北部,他们把少数在波河流域的大片沃土上生活的伊特鲁里亚人赶回了本土。由于这一地区位于阿尔卑斯山脉南麓,因此罗马人称在那儿生活的高卢人为山南高卢人。

在刚刚迁移到波河流域时,山南高卢人对罗马人并没有威胁性，因为当时他们之间还横亘着亚平宁山脉，以及经济、技术和军事力量都非常强大的伊特鲁里亚人。但是，紧随维爱城被摧毁而来的伊特鲁里亚民族的湮灭，阻碍高卢人南下的防御线也顿时崩溃。

公元前390年夏天，在国王布伦努斯的带领下，一支高卢部队翻过亚平宁山脉，一路南下，浩浩荡荡地来到了残存的一座伊特鲁里亚人城市——克卢西城城下。克卢西王立刻派使者向罗马求援。罗马人素闻高卢人骁勇善战，如今得知高卢人就在距离罗马城仅120公里的地方，顿时陷入了一片恐慌之中。

但是，一旦克卢西城失守，高卢人就可以长驱直入进犯罗马，因此罗马立刻召集军队支援克卢西。但是，由于罗马军大约有一半都在卡米路斯流亡之后脱离了队伍，再加上时间仓促，因此召集到的士兵很少，根本抵挡不住高卢人的攻势。

高卢人继续向南推进，于7月18日这一天到达了距离罗马城不足20公里的阿利亚河，把前来迎战的罗马军打得七零八落。一路上，高卢人长驱直入，攻克了罗马除易守难攻的卡比托利欧卫城之外的所有城池，最后来到毫无防御能力的罗马城。

据说，当初高卢大军到达罗马城下时，发现城门大开，城上也不见防守士兵的身影，直到他们走进城内时，才发现神殿里坐着一群穿戴整齐、正在等待着被屠杀的人。他们有的曾经当过执政官，有的是祭司，由于不愿意像民众一样弃城而逃，所以他们才穿上盛装，准备一起为国献身。

高卢人不但让这些人如愿以偿，还野蛮地破坏了罗马城内的神殿、元老院议事厅、房屋及市场。这是罗马城自建立以来第一次被外族人如此践踏，这令罗马人深感耻辱，因此人们称这一天为"阿利亚日"。除此之外，他们也后悔当初不该逼迫卡米路斯流亡国外。假如智勇双全的卡米路斯还在，说不定罗马不会遭此浩劫。

被困在卡比托利欧卫城里的青壮年人，虽然心如刀绞，但是也只能眼睁睁地看着这一切。他们的日子，也不好过。

卡比托利欧山是罗马7座山丘中最高的一座，山上有几座神庙，是罗马的神圣之地，一旦失守，就意味着罗马也走到了尽头，因此驻守在这里的都是青壮年官兵，以及其中一小部分人的家属。由于山顶非常狭小，可以容纳的人数非常有限，所以只有少数官兵的妻儿有幸跟着上了山。至于其余的老人、妇女、儿童，都只能听天由命。好在这座山三面都是峭壁，易守难攻，所以高卢人一时也难以攻克它。

布伦努斯不甘心功亏一篑，继续派兵猛攻山崖上的堡垒，却再一次被击退，于是布伦努斯派兵团团围住了卡比托利欧山。一天夜里，高卢大军发起了偷袭，幸亏罗马军及时发现才保住了最后一块阵地。

可能是因为高卢人当初屠城时没有处理好尸体，罗马城里开始流行瘟疫，每天都有很多高卢士兵染病或被抬出去掩埋。再加上高卢人是游牧民族，过不惯城里的生活，因此他们越来越渴望撤出罗马，重新过上自由自在的日子。与此同时，围困卡比托利欧卫城的高卢军队的粮草也越来越少。在双方相持7个月之后，高卢军队终于不得不将官兵们分成小股，派他们分别到罗马城周围地区洗劫。

有一支训练精良的小队奉命劫掠一个名叫阿尔代的地方。阿尔代王得到消息,立刻召集民众前来商议对策。碰巧卡米路斯流亡到了这里,他说服了手足无措的阿尔代人,把达到服役年龄的人都召集了起来。当天夜里,他探听到驻扎在城外的高卢官兵正在举杯畅饮,就带领阿尔代军埋伏在高卢军营地附近,等到深夜时才出动。大部分高卢官兵都在酣睡中被砍杀,只有少数人侥幸逃回罗马。

很快,卡米路斯打败高卢人的消息传到了罗马人那里。几名从阿利亚之战中逃生的罗马士兵找到卡米路斯,要求他回去担任罗马军的统帅,但是遭到了拒绝。一个名叫彭提乌斯的年轻人,冒着生命危险设法潜入卡比托利欧卫城,把外面的情况告诉了元老们。元老们商议一番,最后一致认为只有卡米路斯才有能力重组军队拯救罗马,就任命卡米路斯为独裁官。这是卡米路斯第二次当选独裁官。在他的号召下,许多盟邦的市民都加入了他的军队。

不过,由于卡比托利欧卫城被严密围困,几乎弹尽粮绝,因此他们不得不派特使与高卢人谈判,双方约定:罗马支付1000磅黄金给高卢人,高卢人立即撤离罗马。在称量黄金时,高卢人总是做手脚,甚至公然令秤杆失衡,致使罗马人气愤地与他们理论起来。但是,布伦努斯嘲讽道:"这算什么,谁让你们是倒霉的被征服者!"

与此同时,卡米路斯的军队抵达了卡比托利欧卫城城下,得知此事以后立即带着一支精锐部队及时赶到了黄金交付地点,收走了秤盘上的黄金,对高卢人说:"我们罗马人有一个习俗——用铁而不是用金子来解救自己的城市。"布伦努斯大怒,不过考虑到四周的废墟不利于交战,只得空手而归。第二天,卡米路斯率先出击,近一年以来所向披靡的布伦努斯终于败北,不得不和他的部下落荒而逃。卡米路斯奋起直追,使得正在归途中的高卢人不得不疾速向北奔跑,丝毫不敢停下脚步。

打跑高卢人之后,卡米路斯又接受了一项新任务——重振罗马的雄风。但是,这一任务显然要比赶走高卢人艰巨得多。

如果只是重建被毁坏的城墙和房屋,让罗马人重新团结一致,那么由高卢人入侵带来的伤痛要不了多久就能够治愈,但事情并没有那么简单,罗马城在蛮族入侵时只能屈服的消息,几乎传遍了世界。因此,邻近一些部族纷纷与它解除了盟约,就连拉丁诸城也联合反叛罗马,试图乘机将其消灭。

面对高卢人带来的伤与痛,罗马人表现出了非凡的韧性。

《李锡尼法》的诞生

跌倒了就要爬起来,但是爬不起来的人和民族显然不在少数,伊特鲁里亚民族的一蹶不振就是一个典型的例子。好在罗马人的韧性很强,虽然速度缓慢,但他们最终还是站了起来。

为了重振罗马的雄风,罗马人梳理了国内存在的所有问题,根据问题的轻重缓急,先后解决了以下三大问题:第一,一边加强防卫,一边重建被毁的罗马城;第二,以武力震慑叛离罗马的旧盟友,以免他们侵扰罗马边境;第三,消除贵族和平民之间的对立,确保社会安定。

第一个问题的解决方案一经确定,卡米路斯就带领大家采取了行动。他们从维爱采石场运来一块块1米多高的石头,用它们加固了8公里长的城墙;在城墙的要冲位置修建了瞭望塔,派一批哨兵常年驻守;修复、新建城内的下水道;修整神庙等公共设施。至于私人设施的建设问题,国家财政力不能及,罗马市民只好自己动手,由于大家急于有一个安身之所,也不懂得如何进行统一的规划,所以城内的建筑大多杂乱无章。

接着解决的是第二个问题。这个问题让卡米路斯来解决,再合适不过了。在罗马正忙于重建罗马城时,埃奎亚人、沃尔基亚人等乘人之危,同时向罗马出兵;图斯卡尼人包围了罗马的盟友苏特里昂部落。在此危急存亡之际,卡米路斯第三次被任命为独裁官。他认为,最好的防御就是进攻。

罗马城的陷落,不但让罗马人失去了自信,也使得邻近的部族开始小瞧罗马,如果不通过战争的胜利重振罗马人的信心,同时震慑那些叛离罗马的部族,那么无论罗马的防御工事修建得多么坚固,罗马都有可能再次遭到侵犯。因此,卡米路斯决定以攻为守。

出征之前,卡米路斯做了充分的准备,主要是改良武器和装备,加强军事训练。为了更灵活地作战,他借用了高卢人的战术,把原本大长方形的阵形分解成了一个个方形的阵形,并视具体情况随时改变阵形和战术。出征之后,考虑到长期作战对官兵们体力的消耗,他强调营地的建设要既坚固又舒适。结果,他率领的罗马军几乎屡战屡胜,取得了辉煌的战绩。

对罗马人来说，举行一次凯旋仪式就是莫大的荣誉，而卡米路斯一生总共举行过4次凯旋仪式。这一点不但使其他部族放弃了侵犯罗马边境的想法，也为卡米路斯赢得了"祖国之父"的头衔。与罗马共和国其他所有的头衔一样，"祖国之父"的头衔也是由罗马元老院授予的，用以表彰卡米路斯将罗马从被高卢人随意践踏的危机中挽救回来的功绩。

至于如何对待那些手下败将和叛离罗马的盟友，卡米路斯也有自己的考量。他认为，罗马现在正处于非常时期，与其树立更多的敌人，不如再次将他们收于麾下，以免他们继续侵扰罗马。这一举措可以使罗马人集中精力重整国内的事务，对现在的罗马来说显然是最有利的，也确实取得了预期效果。

第三个问题最难解决。每当罗马面临危难，贵族和平民就暂时停止斗争，一致对外；可一旦危机解除，内讧就再次出现。罗马人就在这种矛盾状态中度过了一个世纪，直到经历了公元前390年的厄运和耻辱，罗马人才逐渐意识到，使他们在蛮族面前束手无策的主要原因，正是贵族和平民之间断断续续的斗争。要想彻底解决这个问题，必须进行根本性的改革。

让贵族们做出这样的选择，显然令他们非常为难，但是他们也深刻地体会到，这个问题已经不能再无限期拖延了。于是，公元前367年的一天，罗马历史上具有划时代意义的法律——《李锡尼法》诞生了。

《李锡尼法》做了如下两项规定：第一，明确今后罗马将实行寡头政体，即由少数人领导多数人的体制；第二，国家要职由贵族和平民凭实力竞争，不再单独向贵族开放。也就是说，只要是能力杰出、经验丰富的人，都有机会担任独裁官、执政官、财务官、法务官、监察官、护民官等国家要职。这一法律实施之后，罗马的派系之争问题逐渐得到解决。到了公元前300年，罗马国内政坛的所有要职全都向平民阶级开放，贵族和平民之间不再对立。

在对外问题上，罗马也采取了一些措施，以防止再次出现盟邦叛离罗马的状况。罗马联盟中的新同盟协议规定，被罗马征服的国家只能与罗马缔结同盟，与罗马"共同管理"国土，不得跟其他与罗马缔结了同盟的被征服者互通有无。这么一来，罗马既扩张了领土，又能防止同盟各国联合起来采取共同行动。

唯一的缺点是，由于各盟邦都必须直接和罗马联系，因此消息的传递速度变慢了。不过，后来，为了克服这个缺点，确保罗马在紧急情况下也能迅速与盟友取得联系，罗马人开始了有计划的道路建设，令罗马的道路变得四通八达。

早在罗马城建立之初，罗马人就已经开始修路了，不过直到公元前4世纪后半叶，罗马的道路建设才真正有了根本性的改变。公元前312年，罗马从政治、军事等方面进行综合考虑，接受了财务官阿庇乌斯的提议，在罗马和刚刚纳入罗马势力范围的加普亚之间铺设了阿皮亚大道。阿皮亚大道将罗马和亚平宁半岛南部连接起来，是通往希腊和东方的主干道。直到今天，依然能够在意大利境内看到一部分仍旧维持原样的阿皮亚大道。

此后，罗马又相继出现了以提议者的名字命名的大道，比如弗拉米尼亚大道、卡萨亚大道、罗马古道等。随着罗马势力范围不断地向四周扩张,连接罗马和各地战略要冲的交通网络不断扩大,以至于到公元前1世纪时出现了"条条大道通罗马"的盛况。

公元前390年入侵的高卢人,使得罗马险些灭亡,但是这种绝境同时也使罗马人涅槃重生。正是在血与火的洗礼之中,罗马人民消除了派系之争,强化了自身和盟友的关系,迎来了新生。

三次萨莫奈战争

意大利坎帕尼亚地区风光旖旎,有连绵起伏的群山和一块块山间盆地,有甘甜的葡萄、苹果等水果,还有阳光下鲜艳欲滴的花卉,以及随着微风婆娑起舞的肥大的烟叶。这样一个美丽富饶的地方,难免令人神往。正是为了争夺它,罗马人和萨莫奈人曾经进行了激烈的战争。

坎帕尼亚地区位于今意大利南部,濒临蒂勒尼安海,土壤肥沃,风景如画,公元前5世纪时分布着许多由希腊人和伊特鲁里亚人建立的城邦。公元前4世纪,当罗马人忙于对外战争时,原本在亚平宁山一带活动的游牧民族萨伯利人,也开始向亚平宁半岛中南部扩张,坎帕尼亚地区首当其冲。萨伯利人既没有一个统一的国家,也没有属于自己的独特文化,只有一个笼统的称呼,其中最强大的一支部族是萨莫奈人。在南下的过程中,萨莫奈人占领了坎帕尼亚地区的大部分城池。

长期以来，罗马人与萨莫奈人都没有发生过任何冲突，但是当罗马走上扩张之路，并决定将以那不勒斯和加普亚为中心的坎帕尼亚地区纳入势力范围之后，一切就发生了改变。

大约在公元前343年，坎帕尼亚地区幸存的诸城邦为了抵御萨莫奈人，结成了同盟，盟主加普亚国王还邀请罗马人跟他们一道抵抗萨莫奈人。这正合罗马人的扩张意图，于是罗马政府就派遣军队去支援加普亚了，第一次萨莫奈战争爆发。

罗马人原以为萨莫奈人只是一个游牧民族，应该很好对付，谁知萨莫奈人善于游击战和山地战，让习惯于在平原作战的罗马军一筹莫展。这场战争拖了很久，罗马士兵不愿意为了外邦做不必要的牺牲，举行兵变以示抗议，元老院只好宣布终止与萨莫奈人的战争。

双方和平共处了十多年之后，再次开战。当时，居住在那不勒斯的希腊人派出一支人马，袭击了罗马在坎帕尼亚建立的一个殖民城。罗马元老院提出了强烈的抗议，却被希腊人强硬地回绝了，萨莫奈人乘机占领了那不勒斯，罗马政府忍无可忍，再次向萨莫奈发起了进攻，这场战争持续了23年。

公元前321年的一天，一个罗马哨兵得到消息，说萨莫奈人正在向普利亚进发。罗马的两位执政官得到这一消息，顿时喜上眉梢，丝毫没有怀疑消息的可靠性，带着两万军马就直奔普利亚，准备在那儿全歼敌人。

在经过考狄乌姆峡谷时，突然一阵箭雨从天而降，官兵们惊恐不已，连忙四散而逃，可这条峡谷两边都是高不可攀的峭壁，而且两头小中间大，就像一只大瓮一样将他们困在了其中。

原来，萨莫奈人并没有去平原，而是埋伏在与普利亚相距不远的考狄乌姆山上，还故意散布假情报，只等罗马大军自投罗网。当罗马大军进入峡谷之后，居高临下的他们立刻堵住了峡谷的出入口，万箭齐发。

罗马大军犹如瓮中之鳖，可仍然奋力抵抗。当箭雨终于停止时，他们主动挖起壕沟，树立栅栏，建成了一个罗马式营地，准备与萨莫奈人展开肉搏战。然而，他们的希望落空了。萨莫奈人并没有向他们发起进攻，而是固守在峡谷两端。罗马大军试着突围，但都失败了。

由于罗马大军行动仓促，所带粮草有限，几天之后，饥饿开始侵扰罗马大军，他们不得不杀马充饥，喝峡谷里的水解渴。最后，实在没东西可吃了，执政官只好做出了向萨莫奈人投降的决定。

萨莫奈方面同意和谈，但是提出来的条件非常苛刻：罗马军宣誓放弃在坎帕尼亚的殖民地，撤离那不勒斯，永远不再侵占萨莫奈人的领土，并留下600名罗马骑兵作为人质。罗马方面不得不答应。

罗马军宣誓之后，萨莫奈统帅蓬提阿斯命人打开峡谷一角的一道防寨，在开口两端的地上各插了一根长矛，然后将另一根长矛搭在这两根长矛上，组成一个小门，让罗马官兵全都卸下武器、脱下铠甲，像奴隶一样穿着贴身的白色短衣，猫着腰从小门里钻出去。不但如此，萨莫奈人还列队站在道路两侧，辱骂、殴打一个接一个从他们面前走过的罗马官兵。有的萨莫奈人还举起手中的长矛去戳投降者，致使许多罗马士兵都受伤倒地或当场死亡。

消息传至国内，全体罗马人震惊不已。全军一起投降的情况，在罗马历史上还是第一次。70年前高卢人入侵时，罗马人曾经投降过，没想到如今竟然遭受了比上次更大的耻辱。虽然罗马人打仗经常获胜，也习惯了败退，但是他们还不习惯投降，更不习惯忍受屈辱。知耻而后勇的罗马人，绝对不允许这样的事情再次发生。

假如萨莫奈人有意与罗马和平共处，就应该像罗马人一样善待被征服者，但是萨莫奈人没有这么做，他们深深地伤害了罗马人的自尊，也加深了他们对失败的记忆，使他们更加奋发图强。

罗马元老院坚决否认两位执政官与萨莫奈人签订的和约，禁止民间举行宴会、婚庆以及其他庆贺活动，全身心地投入到军事训练之中，同时改进武装，改革作战方法，精修道路，以提高罗马军的行进速度，方便罗马人以最快的速度获得真实、准确的国内外情报。著名的阿皮亚大道，就是在这一时期修建的，这是对"考狄乌姆耻辱"的最佳回应。

除了自强之外，罗马人也不忘以攻为守。它击败了禁不住萨莫奈人的煽动而与罗马为敌的坎帕尼亚人，逐渐控制了坎帕尼亚地区，并与亚平宁半岛北部和中部诸城池结成了同盟。这实际上相当于三面包围了萨莫奈人。

萨莫奈人自知寡不敌众，只好于公元前304年向罗马求和。罗马人正好因为战争累得够呛，也需要一段时间休整一番，并巩固一下在亚平宁半岛北部和中部的势力，就与萨莫奈人签订和约，第二次萨莫奈之战终于结束。

为了弥补在战争中遭受的损失，萨莫奈人迫使普利亚人与其结盟，遭到拒绝，于是在公元前298年派出一支军队，想以武力迫使普利亚人屈服。普利亚人自知不是萨莫奈人的对手，向罗马人求援。罗马经过6年的休整和准备，实力越来越强，立即同意了普利亚人的请求，罗马与萨莫奈人的第三次交锋由此开始。

萨莫奈名将埃格纳提乌斯一改以往固守山区的战略，率领大军穿过罗马的殖民地，一路招兵买马，还煽动沿途的各个部落联合对抗罗马。一时之间，居住在亚平宁半岛中北部的伊特鲁里亚人、高卢人和翁布里亚人等势力都把矛头指向了罗马。

在一次战斗中，执政官西庇阿·巴尔巴图斯率军追赶埃格纳提乌斯，没想到半路上遭到萨莫奈和高卢联军的伏击，全军覆没。

罗马元老院立刻发布紧急动员令，招募了一些年龄在16～45岁的市民，以及退役老兵和获释奴隶，总算凑足了4万人，可是再次遭到萨莫奈人和高卢人的痛击，损失惨重。

在此危急时刻，新任执政官德西乌斯翻身下马，祈求诸神保佑，表示愿意牺牲自己来换取罗马的胜利，随后一马当先，杀进敌阵，令节节溃退的老兵羞愧不已。他们个个振奋精神，英勇向前，终于扭转了颓势。另一执政官法比乌斯率领坎帕尼亚的骑兵包围了萨莫奈大军，杀死埃格纳提乌斯，使罗马反败为胜。

翁布里亚人投降，高卢人被驱逐，伊特鲁里亚诸城再次与罗马签订了和平协议。至此，萨莫奈的反罗马同盟瓦解。公元前290年，萨莫奈人见大势已去，向罗马求和，成了罗马的盟邦。不久，罗马在萨莫奈周边建立了几个殖民城，彻底切断了它与其他部族的联系。取得这一胜利后，罗马离称霸亚平宁半岛的梦想又近了一步。

皮洛士的"胜利"

公元前283年,一个风雨交加的日子里,亚平宁半岛南端的塔兰托港迎来了一批不速之客——10艘罗马船。未经允许就擅自闯入别人的领地,无论是在古代还是现代看来都有妄图侵略的嫌疑,塔兰托人被激怒了。

亚平宁半岛形如一只长筒靴,坐落在这只长筒靴的鞋跟位置的城邦,就是塔兰托。它与罗马城几乎同岁,是由斯巴达移民建立起来的,发展迅速,是"大希腊"——塔兰托与亚平宁半岛南部的其他城邦的统称——之中最强盛的城邦。公元前3世纪前半叶,随着亚历山大大帝的英年早逝,希腊本土重新陷入混乱之中,而与希腊本土几乎没有政治往来的"大希腊"却依然繁荣昌盛,与希腊本土的衰败景象形成了鲜明的对比。

罗马位于亚平宁半岛中部,与塔兰托之间隔着一大片陆地,所以一直没有机会接触塔兰托人。直到那不勒斯加入罗马,罗马才有了小规模的船队,得以靠近塔兰托。不过,罗马刚刚征服萨莫奈人,就擅自在塔兰托港停靠,未免有侵略的嫌疑,再加上早在罗马一心对付萨莫奈人时,塔兰托就曾经与罗马签订互不侵犯协议,如今罗马却违背了盟约,分明是在故意挑衅,因此塔兰托人毫不犹豫地向那支船队开了火。

眨眼之间，10 艘罗马船只就被击沉了一半，船员全部被杀，剩下的 5 艘船只勉强逃脱。我们无从得知罗马的真实意图是什么，只知道它在得知此事之后对外宣称本国船只此次停靠事出有因，并指责塔兰托方面不应该不问青红皂白就对其动武，还向塔兰托提出了赔偿请求。塔兰托人不但不依，还嘲笑罗马使节的希腊话不够标准，把他们赶了出去。罗马人不堪忍受这样的羞辱，于是战争由此爆发。

不过，主动宣战之后，罗马却没有立刻派兵南下，也许是因为害怕不敌强大的塔兰托吧。塔兰托人呢，他们虽然是争强好胜的斯巴达人的后代，却出人意料地厌恶战争，而是习惯于用雇佣军来保卫自己的国家。这一次，塔兰托选中的雇佣军是希腊北部伊庇鲁斯王国国王皮洛士的军队。

皮洛士是当时地中海一带最著名的武将，被人们一致认为是当时最有资格和能力继承亚历山大大帝衣钵的人，塔兰托居然请得动他，可见其经济实力有多强大。至于皮洛士答应为塔兰托作战的具体条件，我们不得而知，只知道塔兰托许诺会派出 35 万步兵和 2 万骑兵协助皮洛士。

转眼间到了公元前 280 年春天，皮洛士的亲信齐纳斯率领 3000 名士兵率先出发，随后皮洛士也上路了。他带领主力部队——2 万名步兵、3000 名骑兵、2000 名弓弩手和 500 名投石兵，还带了 20 头战象，乘坐塔兰托派来的运输船，横渡亚得里亚海，经由布林迪西到达了塔兰托。在航海途中，暴风雨吹翻了皮洛士船上的 2000 名士兵以及 2 头战象。

走出塔兰托港，皮洛士还以为塔兰托的官兵会列队欢迎他，可是走上大街之后，他才发现塔兰托城里丝毫没有临战的气息，市民们就像往常一样在大街上穿梭。至于塔兰托国王承诺的37万人马，连影儿都看不到。见此情形，皮洛士既失望又生气，但是适合作战的夏天已经临近，随后又传来罗马军团南下的消息，皮洛士也顾不上那么多了，只好依靠自己带来的人马和战象准备与罗马军抗衡。

不只是皮洛士，罗马人也以为塔兰托真的会派出37万兵力参战，而此时罗马能够派去参战的只有执政官拉埃维努斯率领的四五万人马——这可是罗马一半的兵力。

如果塔兰托具有危机意识，这时就不应该坐视伊庇鲁斯和罗马两国厮杀，而应该从旁协助皮洛士，但是塔兰托人从未依靠过流血牺牲来保家卫国，也早已失去了感知危机的能力，所以他们什么也没做，好像之前承诺的37万兵力的辅助也只不过是一句玩笑话而已。

形势对塔兰托是严峻的，对罗马更加严峻，可即便如此，罗马人依然做出了理智的判断，他们认为，制胜的唯一办法就是赶在皮洛士与塔兰托人的37万空想之兵集结之前袭击皮洛士。于是，他们迅速集结人马南下。

双方在距离塔兰托不远的赫拉克利亚第一次交手。赫拉克利亚是一片平地，对善于在平原地带作战的罗马军来说应该是有利的，然而不知道是不是因为还没有走出萨莫奈之战的影响，罗马军统帅居然摆出了更适于山区的纵向阵形。另外，在此之前，罗马人还从未见过大象，更不知道大象也能像士兵一样上战场，立刻被皮洛士带来的那18只庞然大物吓住了。战斗结束时，罗马军团有7000人阵亡,皮洛士的方阵部队只损失了4000多人。

很快,罗马军被皮洛士打败的消息就在亚平宁半岛南部传开了,那些担心自己早晚会被罗马吞并的城邦纷纷申请加入皮洛士的部队。皮洛士正愁自己在战争中的损失无法得到补充,连忙爽快地答应了。初战告捷和损失得到补充的喜悦,令皮洛士心情大好,他决定乘胜追击,北上进攻罗马城。

他还有一个打算,那就是沿途说服罗马的盟邦,让他们叛离罗马——在皮洛士看来这是完全有可能的。不过,皮洛士失算了,无论他怎么劝诱,那不勒斯、加普亚和萨莫奈都没有背叛罗马。这大大打击了皮洛士的信心,使他在距离罗马城只有60公里的地方停止了进攻,沿原路返回了。

皮洛士回到塔兰托之后,向罗马提出了和谈的请求,条件是罗马尊重亚平宁半岛南部的希腊城邦,不得随意侵犯它们;宣布萨莫奈、加普亚等城邦再次独立,作为罗马和希腊城邦都不得染指的地带。假如罗马同意和谈,就得撤去因战略需要而建在该地的卢克利亚和韦诺萨这两个殖民地,并且废弃阿皮亚大道,而这对罗马人来说显然是不可能的,因此双方只好再次用武力决定胜负。

这一次,罗马谨慎地把战场选在了位于卢克利亚和韦诺萨之间的山谷。交战第一天,由于皮洛士的骑兵和战象无法在山谷里自由驰骋,因此双方打了个平手。第二天,皮洛士改变战术,企图将罗马军团引诱到较为平坦的地带,罗马军团果然上当,再次惨败,有6000人战死沙场。

皮洛士也遭受了不小的损失,有3500人阵亡,而且其中有一大部分人都是他从伊庇鲁斯带来的。打退罗马人之后，皮洛士怎么也无法像第一次战胜罗马时那样笑逐颜开，他对齐纳斯说："每次与罗马军交战，我军的战斗力都会大大削弱。"就在这时，一位来自西西里岛叙拉古的使节来访，他希望皮洛士能够帮助他们打败正在进犯西西里的迦太基人。皮洛士正好厌烦与罗马人作战，因此满口答应了。他对塔兰托人说他很快就会回来，然后就率领部下出发了。

3年后的夏天，皮洛士无功而返，他的部下少了一半，剩下的也在经历多次失败的折磨之后丧失了再度尝试的勇气。皮洛士向塔兰托人请求重建军队，塔兰托人没有给他一兵一卒。罗马人就不同了，他们利用这段时间不断巩固罗马联盟，已经做好了迎战的准备，还没等皮洛士有机会展开部署，他们就迎了上去，渐渐地占了上风，还活捉了几头战象。

皮洛士担心自己一败涂地，连忙率军撤回了塔兰托。这年初秋时节，皮洛士悄悄地离开塔兰托，回到了伊庇鲁斯，有幸与他一起回国的，只有8000名步兵和500名骑兵。又过了3年，皮洛士在攻打斯巴达时阵亡。

把天才战术家皮洛士赶回老家后，罗马顿时成为一个引人注目的大国。就连地中海强国埃及，也因此在两年之后与罗马建立了友好关系。

公元前272年，罗马轻易攻克了塔兰托，将它变成了自己的海军基地。

至此，罗马人终于可以在北自卢比孔河、南至墨西拿海峡的亚平宁半岛上自由行走了。

第五章

大刀阔斧的军事扩张

夺取西西里岛，开启地中海遨游之旅

站在如今的意大利小镇圣乔瓦尼向对岸望去，风光旖旎的墨西拿市好像触手可及，令人忍不住想要立刻冲过去，尽情地欣赏那儿的美景。不过，由于将圣乔瓦尼镇和墨西拿市分开的墨西拿海峡没有可以用来打桥桩的小岛，因此要想从圣乔瓦尼镇到达墨西拿市，至今依然只能乘坐轮渡。而这一点无损于墨西拿的魅力，反而使它更加令人向往。

墨西拿不但风景优美，而且占据着特殊的地理位置。它位于西西里岛东北部，与意大利本土隔海相望，是欧洲大陆进入西西里岛的隘口，具有良好的深水港可供来往船只停泊。也许正是因为墨西拿美不胜收，又具有如此优越的地理条件，因此2200年前的罗马人才难以抑制自己的冲动，跨进了墨西拿海峡，与迦太基军展开了殊死搏斗。

战争的起因是叙拉古雇佣军的叛变。叙拉古是科林斯移民于公元前734年建立的，曾经是西西里岛东部的霸主。公元前289年，叙拉古的一群雇佣兵自称是战神之子玛尔美提，于次年发动叛乱，并宣布独立。他们杀死了墨西拿所有的男人，占据墨西拿城，娶了那儿的女人为妻，并以墨西拿为据点，经常骚扰附近的乡村和城市。

叙拉古国王喜厄隆二世曾经多次集结那些不堪忍受玛尔美提人的城邦，希望消灭这伙强盗，但是都失败了。公元前264年，喜厄隆二世再次出兵，包围了墨西拿。玛尔美提人寡不敌众，向罗马求助。

罗马没有立刻答复玛尔美提人。罗马人认为，罗马与墨西拿并不是同盟，没有义务向他们提供救援。更何况，罗马只是一个农牧民族，还从未横渡过大海。可是，如果罗马一口回绝，那么玛尔美提人无疑会扭头向迦太基求助，而这一点无疑是罗马不希望看到的。

迦太基（今突尼斯）位于非洲北海岸，与罗马隔海相望，当地居民是于公元前814年横渡地中海来到北非的腓尼基移民，他们逐渐发展壮大，这时已经是西地中海的霸主。而西西里岛东北部的叙拉古和墨西拿正好位于罗马和迦太基的势力范围之间，具有一定的缓冲作用。假如罗马拒绝了玛尔美提人的求助，迫使他们向迦太基求助，而迦太基又乘机将墨西拿变成自己的基地，情势将对罗马极为不利。因此，罗马人一时难以决定是否出兵墨西拿。

进退两难之际，元老院破例将这一问题抛给了平民大会，得到的答案是接受墨西拿的请求。于是，一场罗马和迦太基人之间的正式对决——第一次布匿战争拉开了帷幕。布匿战争意指罗马与腓尼基人之间的战争。不过，谁也没有想到这次战争竟然持续了23年之久。

公元前264年3月15日，罗马军第一次渡过了墨西拿海峡。迦太基舰队一直在严密监视墨西拿的动向，但是见到罗马军在墨西拿靠岸，他们并没有阻止。到达墨西拿之后，罗马军统帅立刻代表罗马与墨西拿方代表签署了同盟协议，这样罗马军就师出有名了。

喜厄隆二世见识了罗马军的阵势，明显地感觉到了罗马军的强大实力。与此同时，迦太基军队也开始后悔任由罗马军登上西西里岛。于是，叙拉古和迦太基这两个曾经为了争夺地盘而尖锐对立的王国，为了对付罗马军站在了同一阵线上，准备包抄罗马军。

战争一打响，叙拉古军就被打得落荒而逃。迦太基的军队同样不堪一击。吃了败仗的喜厄隆二世认为叙拉古地处要冲，而且防御设施完备，如果真的与罗马开战，不一定会轻易被攻陷。真正令他担心的，是迦太基人，他可不想让迦太基坐收渔利……这时的叙拉古，也像参战之前的罗马一样，面临着艰难的抉择。

经过一番深思熟虑，喜厄隆二世最终决定与罗马结成同盟。这一决定是明智的，罗马提出的和谈条件宽厚至极，比如叙拉古人有义务优先向罗马出售小麦等，丝毫没有侵犯叙拉古的自治权。在此后的50年里，叙拉古都是在和平与繁荣中度过的，而他们对罗马也是倾力相助。

罗马和墨西拿、叙拉古结成同盟，意味着罗马在西西里岛东部的海岸线得到了巩固，但同时也意味着迦太基进一步占据西西里岛的梦想破灭了，还让迦太基开始为自己在西西里岛的既得利益可能遭到侵犯而担心。于是，迦太基派出4万多人的海陆大军，在西西里岛南端的阿格里真托上岸，战争转向了罗马和迦太基的全面对决。

战争之初，罗马取得了一些胜利，但是战果仅限于西西里的内陆地区，而不能攻克有迦太基支援的沿海城市。罗马终于领悟到了控制海洋的重要意义，因此开始大规模造船。与此同时，迦太基也花费了许多精力和金钱，到处雇佣优秀将领。之后，双方展开了激烈的战斗。

罗马是第一次参加海战，双方交战之前，罗马海军无论如何也无法使战船排成一条线，引得排列整齐的迦太基舰队忍不住发出一阵阵嘲笑声；罗马海军的大船也建造得很笨拙，而且船头还比一般的船只多了一个形如乌鸦的木杆，真是太丑了。

实际上，乌鸦吊桥又叫接舷吊桥，是罗马海军在战争期间发明的。

乌鸦吊桥宽1.2米、长10.9米，前端有一个形如鸟嘴的重型铁钉，看上去就像一只乌鸦，因此得名。它主要安置在战船头部，船头的滑轮和帆杆能够帮助它升降。当吊桥下落时，其前端的铁钉能够刺入敌船的甲板，形成一条通道，把己方士兵送到敌船上。

战争开始之后，当前端布满锋利铁钉的乌鸦吊桥自如地落在迦太基雇佣军的船上，把罗马士兵一个个送过来时，迦太基雇佣军才意识到罗马海军不容小觑。

在随后的两场海战中，罗马军也取得了胜利。迦太基接连败退，不得不对罗马刮目相看，因此请来雇佣军首领赞提由斯。赞提由斯作战经验丰富，他出动了近2万人马以及100辆"动物战车"——100头战象，在非洲大陆与罗马军展开了激战。罗马虽然一向善于陆战，但是他们一辆"动物战车"也没有，而且人数只有敌军的1/8，因此一败涂地。

第四次海战，罗马人又意外地取得了胜利，但是随之而来的一场海难——地中海历史上最大的海难，带走了数万罗马官兵的性命。公元前254年，还没有完全从失去同胞的悲痛中走出来的罗马军分为海、陆两路，浩浩荡荡地向着西西里北部的巴勒莫——迦太基军队在西西里的根据地进发，随后攻克了巴勒莫，迫使迦太基人把根据地设在了马尔萨拉。

不幸的是，第二年，罗马又遭遇了第二次海上惨剧，150艘战船和不计其数的士兵都葬身海底。两次海难让罗马人沮丧不已，没有人愿意再次将重整海军一事提上日程。但迦太基显然不想错过这次大好的反击之机，于是大举向巴勒莫进军。罗马士兵见到敌军的150辆"动物战车"，怎么也不愿意跨出战壕一步。至此，罗马军海上害怕暴风雨，陆地上害怕战象，已经到了无可救药的地步。

就在这一危急时刻，梅特卢斯当选新任执政官，他不但英勇善战，而且富有智谋，他找到了能够对付战象的好武器——投枪，并教士兵们练习，使士兵们终于克服了对战象的恐惧。重新找回一丝自信之后，罗马士兵也逐渐淡忘了对大海的恐惧。

公元前241年，经过多次海战的罗马海军，经验比迦太基雇佣军还丰富，终于在埃加迪群岛海战中打败迦太基舰队，持续23年之久的第一次布匿战争终于落下帷幕。

战后，罗马与迦太基签订了协议。迦太基付给罗马3200塔兰特（相当于96吨白银）赔偿金，并永久放弃在西西里岛的权益。从此，罗马取得了西西里岛的控制权，开始了在地中海遨游的旅程。

战神汉尼拔

公元前241年秋季的一天，迦太基街头出现了许多雇佣兵。这些士兵一会儿拿起一串精美的项链，一会儿走进金器店。过不了几天，他们就要回国了，因此准备买一些纪念品带回家。

这些人之中，有的是高卢人，有的来自西班牙，有的属于非洲土著……他们因为同一种身份——雇佣军而齐聚迦太基。随着迦太基与罗马战争的结束，雇佣军的任务也完成了，没必要继续留在迦太基。不过，在回国之前，他们必须从迦太基那儿拿到雇佣金。

也许是因为3200塔兰特的巨额赔款，以及随着战争失败而来的收入的锐减，迦太基强烈地意识到必须收紧钱袋，于是将约定按年支付的雇佣金减少了一半，理由是雇佣军每年的实际战斗时间只有半年。雇佣军当然不同意，他们再次拿起武器，在迦太基制造动乱。利比来、乌蒂卡等迦太基属地不满于高额税收和迦太基人的歧视，也纷纷支持雇佣军。迦太基将他们定性为叛军，派武将哈米尔卡出兵镇压了他们。

与此同时，撒丁岛殖民地的岛民也乘势杀了迦太基驻撒丁岛总督，随后向罗马求援。罗马已经在海战中充分意识到了制海权的重要性，因此立刻派出一支部队，打败了迦太基人。迦太基方面被迫承认罗马对撒丁岛的合法占领，并且追加了1200塔兰特的补偿金。

由败给罗马而引发的这一系列危机,让迦太基人对罗马的仇恨深入骨髓。名将哈米尔卡曾经与罗马人战斗了20多年,尤其痛恨罗马人的傲慢和霸道。他发誓说:"只要能打败罗马,即便粉身碎骨,我也在所不惜!假如我不能在有生之年兑现这个誓言,我的儿孙们也要征讨罗马!"

在儿子9岁那年,哈米尔卡就把他带进神殿里,要他对着神发誓:"我要倾注一生的精力,打败罗马!永远不要原谅罗马!要世代与其为敌!"这个9岁的男孩,名叫汉尼拔。

迦太基一边为向罗马支付赔偿金而努力,一边继续发展经济。为了增强自身实力,迦太基又走上了扩张之路。哈米尔卡奋战9年,占领了西班牙,但是他没有等到报复罗马的那一天就含恨而终,他的儿子汉尼拔成为迦太基军总司令。

公元前219年,汉尼拔见时机已经成熟,就故意越过迦太基和罗马约定的双方在西班牙的界河——埃布罗河,占领了罗马的盟邦萨贡托,公然挑衅罗马。罗马派出军队,包围了萨贡托城,可是连续进攻了几个月都没有伤到汉尼拔的精锐部队一根头发,只好改变策略,悄悄地去攻击迦太基本土。

这一点汉尼拔早已预料到了,他也做出了直捣敌军"老巢"的决定。于是,公元前218年夏天,汉尼拔率领4万名迦太基精兵,奔赴罗马城,第二次布匿战争正式开始。

在萨贡托城和罗马城之间,横亘着比利牛斯山和阿尔卑斯山。当汉尼拔大军翻越海拔至少有2000米的比利牛斯山时,罗马人认为,虽然现在才9月,但是平均海拔有3000米的阿尔卑斯山上已经飘起了纷纷扬扬的大雪,所以汉尼拔接下来一定会走海路或平原,绕过阿尔卑斯山,于是他们把兵力都集中在海港和平原上。然而,大约半个月之后,他们得到了一个令人难以置信的消息:汉尼拔大军翻过了更凶险的阿尔卑斯山,以"动物战车"战象为先遣队向罗马城发起了进攻。

翻越阿尔卑斯山,不但要忍受刺骨的寒风,还可能遇到雪崩,或是一不小心跌进深谷,摔得粉身碎骨。但是,汉尼拔大军忍受了各种常人难以想象的痛苦,成功地翻越了阿尔卑斯山。在这场前所未有的历险之中幸存的迦太基士兵,培养出了钢铁般的意志。正是他们,让罗马再一次陷入了绝望之中。

下了阿尔卑斯山,汉尼拔继续挥师北上,在波河流域遭遇了罗马军,大获全胜。罗马军残部只得退守亚平宁山脚。正在赶往迦太基本土的军队被急速召回,与亚平宁山脚的罗马军残部联手对付汉尼拔部,可是再次吃了败仗,4万大军只剩下1万人,致使罗马丧失了在亚平宁半岛北部的权利。当初被罗马人赶到亚平宁半岛以北的高卢人,此时纷纷加入汉尼拔部,与罗马作对。

吃了大败仗之后,罗马的两位新任执政官采取了防守策略,防止汉尼拔南下。汉尼拔率军穿越亚平宁山脉和广阔的沼泽地,再一次出人意料地出现在了罗马大军身后。他设下埋伏,再次大败罗马军,继续南下。

随着汉尼拔的步步紧逼,罗马人终于决定与迦太基军展开决战。战场位于亚平宁半岛南部、靠近亚得里亚海的坎尼平原。据说,罗马的步兵比汉尼拔多出一倍,在总兵力上也具有绝对的优势。战争开始之后,罗马军采取了积极的攻势,汉尼拔派步兵迎战,将罗马的主力部队牢牢地钉在战场上,随后派出了一支劲旅——行军速度快的骑兵,先消灭了罗马的骑兵,再将剩下的罗马军围住……

在公元前216年的这场战争中,罗马军损失了六七万人,而汉尼拔的人马才损失了大约6000人。罗马还是第一次遭受如此重创。更糟糕的是,坎尼大败之后,罗马再度面临众叛亲离的困境。走投无路之下,罗马元老院只好破格起用了年仅24岁的青年军官科尼利乌斯·西庇阿。

西庇阿好像生来就是为了打败汉尼拔的。他逆着汉尼拔的足迹来到西班牙,赶走了那儿的迦太基人,然后把迦太基本土当成了新目标。这时,距离汉尼拔第一次进入罗马已经15年了。迦太基国内的反战派占了多数,使得汉尼拔大军的粮草和人马都得不到及时补充;此外,汉尼拔与亚平宁半岛以北的高卢人也失去了联系。因此,汉尼拔不得不挥泪告别近在咫尺的罗马城,回到阔别多年的故土。

两军在位于迦太基内陆的扎马城遭遇。扎马城一役,筋疲力尽的汉尼拔部队遭遇了近乎全军覆没的惨败。45岁的汉尼拔只能眼睁睁地看着跟随自己四处征战的士兵一个个倒下,随后带着数名骑兵到处流亡。罗马一直不放心他,担心他有机会再次威胁罗马,因此努力争取把他引渡到罗马受审,直到公元前183年他被迫服毒自尽,客死他乡,罗马才作罢。看来,即便是被后人誉为"战略之父"的汉尼拔,也需要有人欣赏和支持才有机会发挥才能,令人不禁喟然长叹!

扎马战役结束之后，迦太基共有2万多人永远沉睡了，还有2万多人成了俘虏，而罗马方面只战死了1500人。有勇有谋的统帅西庇阿，就这样在敌军的土地上取得了完胜。

持续了18年的第二次布匿战争，至此宣告结束。迦太基和罗马进行了和谈。和谈条件对迦太基非常苛刻：迦太基交出除非洲之外所有领土的控制权；除了保留10艘战舰用来巡逻之外，其他的全部凿毁；迦太基赔偿罗马10000塔兰特，分50年付清；未经罗马允许，迦太基不得与任何国家开战……

第二次布匿战争让迦太基失去了西地中海的控制权，同时也大大地摧残了迦太基的军事和经济实力。罗马人取代迦太基人坐上了西地中海盟主的宝座。

蚕食马其顿

当汉尼拔迎着凛冽的寒风翻越阿尔卑斯山时，位于地中海东岸的马其顿王国却天朗气清，国王腓力五世正高兴地坐在王宫里，与王后一起优雅地品尝刚摘下来的葡萄，他完全没有想到，自己将来也会跟罗马人在沙场上相见。

大约在第二次布匿战争120年前，年仅33岁的亚历山大大帝突然逝世。他没有留下合法的继承人，他的下属分割了他建立的马其顿帝国，建立了各自的王朝：马其顿王国、塞琉古王国、托勒密王国。位于帝国本土的马其顿王国，其国王腓力五世虽然像亚历山大大帝一样野心勃勃，但是他显然没有亚历山大大帝那样的长远眼光。

当汉尼拔越过阿尔卑斯山时，腓力五世完全可以抓住这次绝佳的机遇，与汉尼拔携手摧毁罗马这个新兴国家，然而他没有采取任何行动。只有在罗马因坎尼会战失利，到了生死存亡的关头时，腓力五世才点燃了第一次马其顿战争的烽火，与所向披靡的汉尼拔并肩作战，以便把罗马势力范围中的伊利里亚（位于今巴尔干半岛西北部）变成自己的地盘。

战争之初，马其顿的军队屡屡获胜。因此，腓力五世准备像汉尼拔大军一样浩浩荡荡地开进罗马城。可惜这时汉尼拔已经开始走下坡路，攻打罗马的最佳时机已经过去。不过，由于汉尼拔大军的牵制，罗马这时根本无心征服马其顿，只是想分裂希腊诸城邦的政治联盟，解除罗马的潜在威胁，因此只派了战舰到亚得里亚海，故意挑衅马其顿人，让他们无法分身去帮助汉尼拔。罗马人在亚得里亚海沿岸劫掠过往船只，与船上的商人或游客一起"分享"食物和财物，享受着野蛮的惬意。

公元前205年春天，罗马考虑到自己在希腊没有强大的盟友，士兵们也已经疲于常年在外征战，而且阻止马其顿援助汉尼拔的目的已经达到，因此与马其顿讲和了，持续9年的第一次马其顿战争结束。罗马虽然看似打了败仗，却迈出了干涉希腊政治的第一步。

按照与罗马签订的和约，腓力五世是不可以向西扩张的，因此他只好把目光转向东方的一些希腊城邦。很快，他就占领了希腊北部的色雷斯，企图以其为据点，慢慢扩大自己的势力范围。他还想拓展自家的海域，于是又打起埃及的主意，甚至不惜牺牲女儿克娄巴特拉的幸福，迫使她嫁给埃及国王托勒密，以拉拢托勒密。此后，他又开始进攻罗得岛和帕加马王国。虽然罗得岛和帕加马舰队在海军上占有优势，但是他们仍然非常畏惧腓力五世的实力，于是向罗马求助。

罗马此时正企图向东扩张，于是乘机以保卫希腊为由，向马其顿宣战。公元前200年，第二次马其顿战争爆发。执政官弗拉米尼努斯率领罗马军渡过亚得里亚海，到达希腊西部，极力拉拢希腊诸城邦。可无论是弗拉米尼努斯还是腓力五世，都发现很少有希腊城邦愿意靠近他们，大部分人都在静观其变。

其中的原因，弗拉米尼努斯也许略知一二，那就是在第一次马其顿战争中，罗马军频繁的暴虐行为给希腊人留下了深刻的印象，致使希腊人不敢相信他们。至于腓力五世，他虽然生来一副帝王相，却喜欢抢夺别人的土地，而且狂妄、自私、多疑，也没有人敢相信他，只是他自己不知道这一点而已。

罗马付出了很多努力，最后承诺罗马军会将马其顿人赶出希腊，这才说服希腊诸城邦与他们站在同一个战壕里。当战况对罗马越来越有利时，腓力五世所剩不多的盟友纷纷与他划清了界线。公元前197年6月，两军在希腊中东部的色萨利开战。碰巧当时大雾弥漫，马其顿方阵难以发挥威力，被罗马军击败。

翌年，双方缔结和约，马其顿按照和约撤出希腊，交出了大部分舰队，还支付了一大笔赔偿金给罗马。罗马宣称自己解救了希腊诸城邦，俨然以这些国家的保护者自居，并且派兵驻守希腊的一些战略要地，直到公元前194年才逐渐撤走。但从此以后，罗马就开始大幅度地插手东地中海的事务。

随着马其顿丧失了地中海大国的地位，腓力五世也失去了继续扩张的信心和精力。公元前179年，年仅42岁的腓力五世因病逝世，结束了他志大才疏的一生，他的儿子珀尔修斯继承了王位。珀尔修斯希望马其顿王国像以前一样辉煌，于是迎娶了塞琉古王国公主，并与伊庇鲁斯、伊利里亚以及色雷斯的一些部族结为同盟，企图再次控制希腊。此举引发了罗马的不满，也引起了希腊诸城邦的恐慌。公元前172年，帕加马国王呼吁罗马出兵，于是罗马与马其顿展开了第三次交锋。

两军在伊利里亚境内的皮尼奥斯河畔遭遇，罗马军队首战受挫，损失了4000人。接着，罗马军又连续吃了几次败仗，连续3年更换主将，直到新任执政官鲍路斯出战，罗马军才恢复了元气，扭转了败局。

这一年是公元前168年。当时，鲍路斯率领1.6万人马挺进希腊，与珀尔修斯及其率领的3万多人马在皮德纳进行了决战。鲍路斯利用马其顿方阵在崎岖不平的地形上难以保持严整队形的缺陷，率军从缺口冲进了敌阵之中，并命令两翼部队同时发起进攻，大败马其顿军队。珀尔修斯在逃跑的路上被罗马士兵活捉，披枷戴锁地走进了罗马的监狱。

这场战争结束之后，马其顿王国也走到了尽头，它被分割成了4个自治共和国。这些自治共和国都必须向罗马交税，也就是说，它们实际上都是罗马的属地。

这4个由罗马炮制的共和国，经常发生争斗，制造了很大的混乱，使马其顿人对罗马越来越不满。无论古今中外，正统之名都具有很大的号召力，于是，公元前152年，一直觊觎王位的自称珀尔修斯亲生子的安德里斯库斯，募集了一批人马，试图重建马其顿王国。他成功地控制了色萨利，并与迦太基站在了同一阵线上，公然反抗罗马。罗马人被激怒，任命梅特路斯为马其顿军政长官。梅特路斯很快就歼灭了马其顿新军。随后，又有两个人自称是珀尔修斯之子，接连在马其顿制造动乱，也被梅特路斯消灭。

公元前146年，罗马废除了4个自治共和国，正式吞并了马其顿。曾经盛极一时的马其顿王国，就这样变成了罗马的马其顿行省，这是腓力五世想象不到的。如果亚历山大大帝泉下有知，应该也会感叹世事难料吧！

罗马一步步蚕食马其顿，让曾经仰仗罗马驱赶外敌的希腊人人自危，于是他们结成了阿卡亚同盟，把矛头转向了罗马。罗马出兵镇压，将科林斯等城邦里的奇珍异宝悉数搬进了罗马的国库，并把中希腊和南希腊划入了自己的版图，称其为"阿卡亚行省"。至此，除了西班牙之外，整个地中海地区的战火基本上都已经熄灭。

与征服西地中海相比，罗马对东地中海的征服要容易一些，因为无论是腓力五世还是托勒密，都不善于团结，这样的王国，注定敌不过既善于包容又强硬的罗马，这也是罗马真正的过人之处。

结束布匿战争，征服迦太基

坐在枝繁叶茂的无花果树下乘凉，是中东地区盛夏时节难得的享受。公元前2世纪中叶的迦太基，树荫更是稀罕，尤其是房前屋后，无论是什么样的树，只要能够遮挡烈日，都令人艳羡不已，在当地，没有什么树能比无花果树更能提供浓荫、更能解除困乏了。无花果树根系发达，在大多数土壤中都能存活，不怕中东一带漫长而又干燥的炎夏。在葡萄园角落里种植的无花果树，是园丁们理想的小憩之所。除此之外，无花果还营养丰富、美味可口，就像"树上结的糖包子"，干果也便于收藏，全年都可以享用。

也许正因为无花果树有这么多优点，所以迦太基人才会大面积种植它。但也正是因为它，当时的罗马执政官老加图才成功地煽动了元老院，让他们再次向迦太基投去了贪婪的目光。

第二次布匿战争之后，罗马和迦太基相约两国至少要维持50年的和平。随后，罗马将大部分精力都花在了征服希腊上，迦太基则走上了复兴之路。

在迦太基的各大港口，商船来来往往，络绎不绝。除了对外贸易发达之外，迦太基的农业更是享誉地中海。每到秋天，一阵风吹过，无花果树宽大的叶子就会上下左右舞动，露出紫红色的果实；硕果累累的橄榄枝则像一个老太太，颤巍巍地招呼人们前来采摘它所结的"液体黄金"……

曾经参加过第二次布匿战争的老加图,也许就是在看到这一景象之后才动心的。这时第二次布匿战争已经过去40多年了,老加图看到迦太基在遭受重创之后依然渐渐恢复了元气,不禁再次不安起来,决定彻底打倒迦太基。

从迦太基回来之后,他就把自己随身带着的无花果拿到了元老院,对议员们说:"这就是距离我们只有三天海路的地方出产的优质水果,各位都来尝尝好不好吃。不过,如果有人还想吃,就得自己掏钱去买……一定要消灭迦太基。"

凭借对最容易说服人的事实的生动阐述,老加图成功地说动了许多议员。这些议员既想免费吃上美味的无花果,也不想让汉尼拔大军直逼罗马城的历史重演,都同意向迦太基出兵。不过,以西庇阿·纳西卡为代表的温和派提出了反对意见。西庇阿·纳西卡是西庇阿的女婿,人称"小西庇阿",无论在军界还是政界,他都是头等人物,因此,议员们不得不考虑他的意见,暂缓议论此事。

就在这时,迦太基人做了一件愚蠢的事,打破了这一微妙的平衡,给罗马制造了发动第三次布匿战争的口实。

由于第二次布匿战争,迦太基沦为罗马的被保护者,却深受同为罗马的被保护者——邻国努米底亚的扩张的困扰。按理说,迦太基和努米底亚都是罗马的盟邦,罗马对他们应该一视同仁,然而事实并不是这样。在当年的扎马会战中,努米底亚前国王马西尼萨曾经协助西庇阿战胜了汉尼拔;在希腊战场上,罗马的队伍中也能看到努米底亚士兵的身影。因此,罗马给两国的待遇截然不同。如果只是这个问题，迦太基也不觉得有什么不妥，真正令他们不安的，是努米底亚人的势力越来越强大，已经开始向迦太基渗透。

为了阻止努米底亚人的渗透，迦太基置"未经罗马允许，迦太基不得与任何国家开战"这条协议于不顾，招募了6万名雇佣兵。此举立刻引起了罗马人的注意，但是由于西庇阿·纳西卡从中调解，已经踏上迦太基国土的努米底亚军队退回了本国。

很多人都相信迦太基的危机已经解除，迦太基却误以为采取妥协策略的西庇阿·纳西卡是一只软柿子，根本没有把他放在眼里，又猜测努米底亚是受了罗马的怂恿才这么放肆的，如今罗马又偏袒努米底亚，分明是有意欺负迦太基，因此断然命令雇佣兵追击努米底亚军队。于是，6万雇佣军声势浩大地越过努米底亚国境线，直逼努米底亚首都。

在迦太基雇佣军距离努米底亚首都只有90公里时，罗马元老院得知了这一消息。议员们见迦太基根本不把罗马放在眼里，终于被激怒了，一致同意派兵前往迦太基。迦太基立刻意识到自己闯了大祸，赶紧派人去罗马，承诺迦太基会立刻遣散雇佣军。

罗马元老院相信了迦太基，改派调查团去迦太基了解详情。但是，迦太基再次糊涂起来，没有很好地配合调查团的工作，彻底失去了罗马的信任。公元前149年，罗马元老院照例选举执政官，并且宣称当选的两位新执政官的任职地都在非洲，也就是迦太基王国所在地。随后，两位执政官率领8万名步兵、4000名骑兵、600艘战舰离开罗马，直奔迦太基而来。

迦太基措手不及，立刻派出5位特使，表示愿意无条件向罗马投降。这时罗马的两位执政官已经站在了迦太基的土地上，他们要求迦太基交出所有武器。迦太基乖乖交出了2000件石弓器、20万套盔甲。这些装备，即便对罗马人来说也不少，两位执政官非常满意。除此之外，他们还建议迦太基派遣30位代表与罗马元老院交涉，迦太基也照办了。

到了罗马，迦太基代表团表示，只要两国能继续和平共处，迦太基人什么都愿意做。不幸的是，此时正赶上希腊的阿亚卡同盟联合抵抗罗马，让罗马意识到宽容其他民族只会让自己备受打击，因此这一次罗马丝毫没有对迦太基心慈手软，而是要求迦太基人拆毁首都，全部迁移到距离海岸线15公里的内陆地区。

迦太基代表团带着这个苛刻的条件回到国内，立刻被戴上"卖国贼"的帽子，随后全都死于狂怒的民众之手。迦太基人习惯于临水而居，一出家门就得坐船，让他们在内陆地区过活，是他们无法想象的。因此，他们不再依靠在他们看来软弱无能的政府，也不再区分穷人和富人，一边制造武器、调集粮草，一边召回被遣散的雇佣军、被流放的"反罗马者"，同时释放犯人和奴隶，然后关上城门，一致与罗马对抗。

迦太基城建在突尼斯湾西侧一个突出的海角前端，三面向海，地理位置险要，而且城墙坚固，易守难攻。迦太基人在城里守了3年，吃完了粮食吃树皮、泥土，却从未想过投降。公元前146年春天，罗马军队向孤立无援的迦太基城发起总攻，彻底摧毁了它。

断断续续地持续了118年的布匿战争，最终以历史比罗马城还悠久的迦太基城从地图上消失宣告结束。迦太基及其盟友的领土，全都变成了罗马的一个省——阿非利加行省。帕加马国王临死前留下遗言,说他没有继承人,决定把他的王国托付给罗马。于是,该王国所在的小亚细亚西岸一带,也成为罗马的行省。除此之外,西班牙也不再是王国,而是罗马的一个行省。

至此,对罗马人来说,地中海不再是一个任人进出的地方,而是罗马的一片内海。

第六章 独裁统治拉开序幕

平民与贵族贫富两极分化

战神汉尼拔曾经说过:"人体可以抵御外来疾病的侵袭,却难以摆脱内脏器官病变带来的折磨。国家也一样,无论是多么强大的国家,都不可能一直国泰民安,即便没有外敌,也会受到内部敌人的侵袭。"罗马这个越来越强大的国家,现在也面临着这样的困境。

罗马通过3次布匿战争、4次马其顿战争,成为地中海世界的霸主;又通过叙利亚战争和外交手段控制了亚洲西部的部分地区,将领土范围扩大到了亚、非、欧3个大洲。随着领地的急剧扩张,罗马的经济飞速发展,财富滚滚而来。

但与此同时,财富分配不均的现象也越来越严重。罗马城里的财物堆积如山,贵族们"近水楼台先得月",把其中一些放进了自家的箱子,然后拿出一部分,购买刚刚划入罗马版图的土地以及来自马其顿和迦太基等地的奴隶,变得更加富有。

而当土地集中到了暴富者手中,由新奴隶负责耕种的大庄园在罗马遍地开花时,成千上万依赖农耕为生的平民却成了无业游民,社会矛盾日益激烈。与此同时,罗马国内的阶级矛盾也愈演愈烈,终于在公元前133年爆发了内战。

一年到头都弯着腰在庄园里"义务"劳动的奴隶们,也想改变动不动就被鞭子抽打的命运,奴隶起义率先在西西里岛爆发。

上述这些因素,促使豪门出身的提比略·格拉古下定了进行土地改革的决心。

提比略是罗马一个"含着银汤匙出生"的贵族。他的父亲曾经两度出任执政官,他的母亲是西庇阿之女。父亲英年早逝后,母亲拒绝了埃及法老托勒密八世的求婚,悉心抚养提比略姐弟三人,并聘请了有名的希腊学者来教导他们。提比略自幼就接触希腊文化,深受希腊的民主政治和公民平等思想的影响,而且善于演讲。

成年之后,提比略投身行伍,参加了对迦太基人的战役和对西班牙的殖民战争,但是奉行和平主义。战后,他到处体察民情,发现罗马在不断扩大疆域的同时,对士兵的需求量也大幅增加,尤其缺乏驻守各个行省的兵力。

原来,由于近百年的战争——尤其是第二次布匿战争,亚平宁半岛的土地遭到了任意践踏,以至于占罗马兵源主体的自耕农要么在战火中丧生,要么因为无暇耕种自家的田地而破产,随后被贵族或大地主从自己的田地上赶走。而破产者连一顿饱饭都吃不上,自然也没有娶妻生子的兴趣,更不用说去服役了,他们纷纷涌进罗马城,整天到处闲逛,偶尔也制造一些混乱。有一次,提比略路过伊特鲁里亚,发现所有的乡村都人烟稀少,只有少数农夫和牧羊人有钱购买蛮族的奴隶来为其耕种土地,不禁深为忧心。

更棘手的是,罗马的征兵制度非常严格,要求参军者必须具有罗马公民权，并且拥有一定数量的财产，而同时满足这两大条件的人显然越来越少。因此，罗马军队的兵源逐渐枯竭，实力也大大地削弱了。

在公元前133年的内战之后，罗马进行了一次选举。提比略觉得解决阶级矛盾的问题已经刻不容缓，于是在竞选时慷慨激昂地对聚集在竞选会场上的人群说："每一头在罗马游走的野兽，都有自己的巢穴，然而那些为了罗马而战斗甚至战死的人却连野兽都不如，除了空气和阳光之外，他们什么都享受不到。他们失去了家园，不得不带着一家老小到处流浪。这些士兵被统帅们诱骗而来，为了保卫祖坟和宗庙走上沙场，为了那些过着富有和奢侈生活的人丢掉性命，但是他们自己连世袭的祭坛都没有。就算他们征服了全世界，也依然没有一块属于自己的土地……"他的这番话，道出了市民的心声，因此市民们推举他为护民官。

上任不久，提比略就开始着手进行政治改革，以改善无地者的处境。他提出了以他的家族命名的《塞姆普罗尼亚土地法》，规定：每户人家拥有的公有地不得超过500尤格（1尤格约合1/4公顷），有子嗣的不得超过1000尤格，超出部分由国家收购，然后划分为30尤格的小块土地给穷人及无家可归者；平民的土地可以世代相传，但是禁止出售或转让，以防平民再次破产。

该法案得到了广大平民的极力支持，却遭到了贵族们的强烈反对。为了让法案顺利实施，提比略决定参加下一届护民官的竞选。这么做是不合法的，但是他向平民们做出了缩短服役期限等承诺，赢得了他们的支持。

选举当天，许多平民携带武器，簇拥着提比略来到了选举会场。提比略身穿丧服，暗示一旦竞选失败，他就会面临被起诉甚至死亡的结局。投票开始之后，平民和贵族爆发了冲突，贵族们拿起铁棒、木棍或板凳，看见拥护提比略的人就打。混战中，提比略被活活打死，他的300名拥护者也未能幸免，他们的尸体全都被扔进了台伯河。

虽然提比略被杀害了，但是失地平民要求分配土地的斗争并没有停止，有数万人通过与贵族的不懈斗争分到了土地。

公元前123年，提比略的弟弟盖约·格拉古当选护民官。他继承了哥哥的衣钵，而且走得更远。他不但恢复了提比略的土地法案，还新增了一些法案——粮食法：从国库中拨出一部分粮食，低价出售或是按月免费发放给贫民；筑路法：修筑道路，促进贸易和交流，同时为贫民提供工作机会；亚细亚行省包税法：把新设立的亚细亚行省的税收承包给最底层的贵族——在军队中服役并获得封地的骑士；审判法：在原有的300名法官的基础上新增300个职位，由骑士担任。

这些法案为盖约赢得了失地平民和骑士阶级的大力支持。因此，在第二年的护民官选举中，盖约再次当选。这一次，盖约提出了两项更激进的新法——公民权法和殖民地法。公民权法规定要赋予罗马同盟者以罗马公民权，但是，罗马国内无论是贵族还是平民，都抛弃了罗马兼容并包的传统美德，不愿意与非罗马人共享公民权。因此，在第三次竞选护民官时，盖约落选了。盖约卸任之后，贵族们乘机反扑，再次挑起械斗。一部分骑士把盖约的好处抛在了脑后，与贵族们一起对他展开了攻击，称他是罗马公敌。盖约被迫自杀，3000多名追随他的人被处死，鲜血再一次染红了台伯河。

格拉古兄弟结局悲惨，令人感到寒心、无奈。但是，格拉古兄弟的改革表明了现有的体制已经无法适应新形势的需要，小农分化和破产的趋势是不可阻挡的。改革虽然失败了，却符合历史发展的趋势，促进了罗马社会的进步。

马略改革

公元前157年，"文景之治"的汉文帝驾崩，汉景帝刘启即位；而罗马远郊的一个佃农家里，一名男婴呱呱坠地，家人为他取名盖约·马略。此时，罗马步入了内乱时期，也正是他，开创了军人干政的先河，也为缓解内乱做出了巨大贡献。

随着时光的流逝，小马略渐渐长成一个少年，在他这个年纪，原本应该过着衣食无忧的生活，但是由于家里经常缺吃少穿，所以他不得不过早地靠出卖体力养家糊口，几乎没时间读书，也不喜欢读书。据说，他甚至连当时的罗马人必修的希腊文都不学。在他看来，学习被征服民族的语言，既荒唐又浪费时间。因此，在教养方面，马略与那些贵族子弟或骑士子弟根本无法同日而语。眼光和见识，正是马略一生欠缺的财富。贫穷的生活只赋予了他复杂的性格，使他变得勤劳、凶残、爱慕虚荣。

为了改变命运，马略投身行伍，后因英勇杀敌被提拔。回国后，他先后担任过参将和军队财务官。取得这样的成就，对一个平民来说已经很难得了，但是马略并不满足于此，为了寻求更大的发展，他转入了政界。

当时非常盛行食客制度，它就像中国的养士制度一样，通过大量招纳人才来提高个人的声誉，一个人拥有的食客越多，就说明他的影响力越大。马略的父亲当时是罗马众所周知的麦特鲁斯家族的一名食客，于是马略就借助这一有利条件进入了政坛。

公元前119年，马略当选护民官。刚一上任，他就表现出一副无所畏惧的样子，而且丝毫不讲情面，成了一名"反贵族的斗士"，因此他的仕途没能一帆风顺，在接下来的选举中，他落选了，但与此同时他在平民中的声望也逐渐提高。此后，他又出任了一些公职，积累了丰富的政治经验，也积攒了一笔财富，从而由一介平民跻身骑士阶级，并且迎娶了一位显贵家族出身的小姐。

不过，对当时的大部分罗马人来说，升官、发财、**娶妻**都不是常态，战争才是家常便饭。在内战爆发前夕，罗马人就面临着一场新的考验——与努米底亚人的战争。

在布匿战争中，努米底亚人曾经为罗马立下汗马功劳，所以罗马对他们向来非常敬重。公元前118年，国王米奇普撒去世，努米底亚陷入了长期的王位之争当中。公元前113年，米奇普撒的侄子朱古达杀死了罗马人支持的政敌，成为新任国王。在发动政变时，朱古达不但除掉了政敌，还残害了一批在当地经商的罗马人。消息传来，罗马元老院愤怒不已——同时也觊觎努米底亚的领土，于是向努米底亚宣战,朱古达战争爆发。

公元前111年的罗马,内部斗争仍在继续,形成了所谓的贵族派和主要借助于平民运动来打击贵族派的民主派,贵族派占上风。元老院立法宣布,私人占有的罗马和罗马行省公有地都属于个人财产,任何人不得侵占。于是,小农再度破产,以小农为主体的罗马公民兵制度随之瓦解,致使兵源逐渐枯竭、军纪败坏、士气涣散、贪腐成风。在朱古达战争中,这些变化带来的危害就充分体现出来了——战争屡屡失利。

直到公元前109年,执政官麦特鲁斯率军出征,提拔有才之士、整顿军纪,战事才稍有转机,但是仍然没能扭转颓势,因此平民阶级对贵族阶级越来越不满。马略当时是麦特鲁斯的副将,他及时抓住机会,利用自己的威望广泛制造舆论,让人们觉得只有他才能结束战争。在公元前107年的选举中,马略果然当选执政官,终于大权在握,取得了罗马的最高军事指挥权。

但是,元老院许多贵族出身的议员都非常不喜欢马略。他们考虑到当时的罗马公民都不愿意走上战场,于是允许马略征兵,以为这样会使马略在群众中声望尽失。然而,马略很好地解决了这个棘手的问题——实行军事改革,让贵族们的如意算盘落了空。

针对当时兵源匮乏等弊端,马略实行了募兵制。在此以前,公民按照财产分等级,编组成百人队,具有服兵役的义务。马略取消了财产等级限制,规定:所有公民志愿参军,由国家负责提供军队的给养和武器装备,服役期为16年,退伍后可以得到一块土地。这一改革吸收了许多无产者,迅速补充了兵力的不足。马略深知罗马军队的现状，特别重视整顿军纪和进行军事训练，而且能够以身作则。

到了北非，马略依然像以前一样与士兵们一起建设营寨。再加上他赏罚分明，因此士兵们都乐意追随他。他虽然粗鲁、急躁，但是对待战争极有耐心。在一切准备就绪之后，马略率领他训练的新兵奔赴战场，连连取得胜利，一步步将朱古达逼入了绝境。

随后，出现了一个小插曲——马略军中的财务检察官苏拉活捉了朱古达，可是罗马人民将这一功劳记在了马略头上，二人之间因此有了罅隙，也为日后的罗马内战埋下了隐患。当然，结束战争的最大荣誉，无疑还是属于马略的。他的军事改革，不但解决了兵源不足的问题，也让大量无产者不再挨饿受冻，对稳定罗马政权具有极大的作用。

也正是这一具有重大意义的举措，把罗马军队的职能完全改变了。以前"遇事则聚、无事则散"的公民兵，现成变成了需要长期服役的职业军人，胜利的统帅可以随意支配自己的队伍。随着时间的推移，军队也就变得私人化，成为一支不容忽视的政治力量。换句话说，士兵效忠的对象不再是国家，而是他们的统帅，而这无疑将导致军事独裁政权的产生。公元前104至公元前100年，马略就凭借其在军事上的杰出表现，以及其军队——由大量贫苦平民和骑士组成的队伍的支持，4次连任执政官。

但是，元老院的贵族们嫌弃马略出身低贱，从来没有完全信任他。在他们看来，无论什么时候，无论战功多么显赫，马略都只是一个"新人"，而不配当执政官。随着战争的结束，马略面临着一步步丧失权力的危险。

公元前91年,同盟战争爆发,贵族出身的苏拉在战争中表现突出,声望逐渐超过马略,当选公元前88年的执政官,开始代表贵族派公然与马略对抗,罗马内战爆发,最后苏拉获胜,将元老院变成了他个人的权力工具,马略被宣布为罗马公敌,逃到了北非,其追随者大多被杀。

马略虽然年迈,但是渴望重新拥有荣誉和权力,于是继续与苏拉斗争,却不幸失败,再次逃亡,等待东山再起之机。在此期间,他几次命悬一线,却都奇迹般地死里逃生。公元前86年,他终于战胜苏拉,再次当选执政官。上任之后,他就开始了疯狂的报复,到处搜杀苏拉党羽,残害了许多无辜者。不久,马略去世。

他这一生好像都在代表平民与贵族争权夺利,如今再也不必过腥风血雨的生活了。但是,活着的贵族和平民依然在斗争。为了争权夺利,无论是贵族还是平民,都迷失了本性,变得像马略和苏拉一样虚荣、偏执、残忍……

随着军队的统帅开始干预政治,罗马也渐渐从共和政体向由个人独裁的帝制转化。元老院议员们发现,他们的话不再具有举足轻重的分量,得听命于一个新生的力量——独裁者。

第一代独裁者——苏拉

公元前78年的一天,在罗马一座豪华的滨海别墅里,一位60

岁的老人永远地闭上了双眼。这位老人生前既英勇又狡诈，因此人称"半狮半狐者"，除此之外，他还开了进攻自己祖国的先例，最后成为独裁者。他的名字叫卢基乌斯·科尔涅利乌斯·苏拉。临终之前，他为自己写下了这样的墓志铭："没有一位朋友给过我帮助，也没有一个敌人曾经让我陷入绝境，但是我都双倍地回敬了他们！"

科尔涅利乌斯家族原本是一个名门望族，苏拉的六世祖还曾经两度担任执政官，但是后来因为违犯法律——拥有超过规定数额的金银餐具而被逐出了元老院，从此这一家族就渐渐地不再为人所知。

苏拉小的时候，家境像马略一样贫寒，但是他不像马略一样讨厌读书，而是倾心于文学，也能说一口流利的希腊语，还爱好交际和娱乐。据说，他的母亲早逝，他时常与小丑和娼妓一起厮混，一些娼妓供养他完成了学业，他的一位情妇临终前还把自己的遗产留给了他。后来，他的继母去世，也留了一笔钱给他，他的经济状况才有所改善。

为了改变命运，32岁的苏拉参加了公元前107年的财务检察官选举。财务检察官主要负责除指挥军队以外的所有军中杂务，被视为进入罗马政界的"龙门"，因此参选者大部分都是年轻人。选举结束，苏拉顺利当选，在执政官马略手下当差。

上任之后，苏拉很快就崭露头角，让马略和士兵们越来越觉得离不开他。他不但把军队中的后勤打理得井井有条，而且擅长外交，促成了朱古达战争的结束。

在朱古达战争中，马略虽然接连战胜朱古达，但是他同时也越来越清楚地认识到一个事实：朱古达拥有很多基地，在这里打了败仗还可以躲到那里去，要想彻底结束战争，仅仅依靠战斗力还不够，还得智取，不然一定会耗费很大的兵力。于是，不擅长外交事务的马略就把与朱古达的盟邦——毛里塔尼亚的谈判任务交给了苏拉。

毛里塔尼亚国王布克斯是朱古达的女婿，曾经协助朱古达打败过罗马军，但是自从马略担任执政官之后，就屡次战败，因此布克斯有意停战，但又不想得罪朱古达，于是派人秘密地向马略发出了讲和的试探。

苏拉不顾敌人可能使诈的危险，只身前往敌营，与布克斯在密室里谈了很久，终于与布克斯达成了一致意见。第二天，布克斯派人邀请朱古达前来赴宴。朱古达如约而至，结果被当场拿下，随后又被戴上了枷锁，由苏拉押解着来到罗马军大营。

常年困扰罗马人的朱古达问题，如今终于得到了圆满解决，罗马人不禁大喜过望，认为这一切都是马略的功劳，因此私下里都把他当成了下一任执政官的最佳人选。

马略当然非常高兴，也更加器重苏拉。公元前102年，一个由若干部落组成的古老民族——居住在波罗的海和北海沿岸一带的日耳曼人，因为羡慕罗马人的富足生活开始了"民族大迁徙"，目的地正是罗马势力范围内的大片区域。马略得知日耳曼人从3个方向浩浩荡荡地挺进罗马，立即调集兵马，并提拔苏拉为副将，与日耳曼人展开了惨烈的斗争。日耳曼人虽然在数量上占优势，但是战斗时没有章法，因此最后包括不愿意投降而自杀的妇女在内，共有12万人死亡，另外还有6万人被俘。苏拉俘获了其中一个部落的首领。

成功地击败日耳曼人，解除了蛮族入侵给罗马人带来的恐慌之后，马略的声望空前提高。此后3年，马略当选执政官，苏拉则经由他的举荐当选护民官。任上，苏拉不但深孚众望，还使骁勇善战的马尔西人与罗马结成了盟友。

看着苏拉一步步成长起来，马略不禁有些不安，开始不再为他提供立功的机会，苏拉就转到了同为执政官的卡图鲁斯麾下，怀着对马略的不满一步步艰难地向上走。与此同时，马略也因为年纪越来越大，再加上没有受过高等教育，欠缺政治教养——这一缺点对一个执政官来说是致命的，没能权衡各方的利益，偏袒提议在亚平宁半岛之外再建殖民地的护民官，因此得罪了元老院的议员们。

公元前91年，护民官德鲁苏斯重提赋予罗马盟邦以公民权的法案，却因此而惨遭杀害，引起罗马各盟邦的极大愤慨，他们组建了一个新国家，联合对抗罗马，同盟战争爆发。在这场战争中，许多罗马将领节节败退，年事已高的马略也不能例外，而苏拉却连连报捷，最终取缔了意大利，赋予各盟邦以罗马公民权，逐渐成为公认的优秀统帅。

公元前88年，50岁的苏拉当选执政官，还迎娶了大祭司之女、显贵的遗孀麦特拉。这是他一生中的第四次婚礼，从此他就与贵族派攀上了亲戚。不过，苏拉和当年的马略一样，在婚后不久就不得不投入战斗。

趁罗马忙于同盟战争之际，位于小亚细亚的本都王国国王米特拉达梯六世开始向外扩张，严重威胁到了罗马在东方的霸权。罗马立刻着手调集人马应敌，但是贵族派和民主派在统帅人选上起了争执,在元老院的主持下,苏拉抽签获得了最高指挥权,不过苏拉大军还未离开罗马,马略就鼓动护民官卢福斯提出提案,罢免苏拉。苏拉不甘心一再被马略压制,率领原本用于东征的6个军团攻占了罗马。

开了进攻祖国的先例之后,苏拉杀害了卢福斯和大批民主派分子,宣布马略等人为"罗马公敌",将护民官变成了一个空头衔,把元老院变成了他个人的权力工具。次年,流亡北非的马略联合新任执政官秦纳占领了罗马,于是苏拉也变成了"罗马公敌"。公元前86年,马略去世,大权落在了秦纳手中。

苏拉像马略一样也过上了流亡生活,但是他凭借自己的努力和运气,不但重新壮大起来,还征服了本都王国,迫使米特拉达梯六世与罗马议和,并于公元前83年以胜利者的姿态回到了罗马。

苏拉进行了疯狂的报复,基本上肃清了马略派的势力。据说,大约有80位元老院议员、1600名骑士和3000多个无辜的平民被残杀。他们的财产和土地被全部没收,他们的子孙后代不得担任罗马公职。在他们被没收的土地上,苏拉建立了10个军事殖民地,并派了12万老兵驻守。

局势稳定之后,苏拉就实行了所谓的"宪政改革"。当时两位执政官先后过世,元老院推选首席元老弗拉库斯暂代执政官一职。苏拉给弗拉库斯写了一封密信,授意他恢复已经废止120年的独裁官一职,而且不要限定任期,直至他重新振兴已经被战争和党派之争弄得四分五裂的罗马为止。罗马人对此虽然深为不满,但也知道苏拉背后有强大的军队,因此只好忍气吞声,接受了这一安排。

无限期独裁官一职,不但让苏拉集国家大权于一身,也重创了共和制。他恢复了元老院的特权,将护民官的权力剥夺殆尽,并且废除了向城市贫民廉价配粮制度……这些措施没能解决罗马面临的问题,却为日后恺撒等人的独裁开了先例。

公元前79年,苏拉突然宣布辞去独裁官一职,整天沉浸在诗文、酒色之中。对于苏拉主动隐退的原因,古往今来众说纷纭,有人说他在满足了权力欲之后厌倦了钩心斗角的生活,向往田园风光;有人说他患了严重的皮肤病,无法继续执政……第二年,苏拉丢下他年轻的新婚妻子瓦莱雅,在他的滨海别墅里安静地离开了人世。

前三头同盟

早在公元前1世纪的罗马,富有的克拉苏就已经开始用财富来实现政治野心了。

克拉苏的父亲普布利乌斯·克拉苏是元老院议员,他抛弃了贵族们"以和商人来往为耻"的想法,"不顾廉耻"地仿效商人的做法,进行奴隶买卖,或以"解放奴隶"为名投机钻营,成了当时的"罗马首富"。克拉苏不但继承了父业,还从事矿产经营、投机地产买卖,将家族生意越铺越大。他曾经如是说:"经营矿业、地产才能暴富。"

别人的灾难，是克拉苏的致富之源。克拉苏不但以低价从独裁官苏拉手中收购了马略同党的房产，还注意到罗马的房屋很容易失火，于是组织了一个当时还很少见的消防队。当然，这支消防队并不是为民消灾的，而是让人们流离失所的。一旦有火灾发生，克拉苏就迅速带着自己的消防队赶到现场，趁房主惊恐不安地看着熊熊大火之际，以极低的价格收购正在着火的房屋，直到房主不得不无奈地点头时，他才开始救火。

就这样，克拉苏获得了许多房产。当时，罗马城的住宅需求越来越旺盛，如果克拉苏能够花一些钱把这些房产改造成既坚固又美观的住宅出租，也算是为罗马人做了一份贡献，但是吝啬的克拉苏认为这么做不划算，因此他出租的房子大部分都是破房甚至危房。

这样一个生意人，在人民中间无疑是没有威望的，可克拉苏固执地认为，既然自己拥有的财富是最多的，就应该拥有相应的政治地位。不过，由于年龄和资历都不够，再加上不得人心，所以执政官一职对他来说可谓遥不可及，他只好投到苏拉麾下，一点点地积累经验，等待时机。

机会终于来了。公元前73年春夏之交，角斗奴斯巴达克因为不满长期以来暗无天日的生活，以及随时面临在竞技场上死亡的悲惨命运，带领几十名角斗奴逃到了维苏威火山上，聚众起义。起义队伍逐渐壮大，终于惊动了罗马政府。罗马元老院多次派兵围剿，可是都没能成功，一筹莫展之下只好起用了一直跃跃欲试的克拉苏。

克拉苏并非统帅之材，但他是一个出色的风险投资家。为了整顿军纪，他恢复了惩罚逃兵的古老办法——十一抽杀律，即把逃兵按10个人一组编排，每组通过抽签挑出一个人来处死。据说，当时以这种方式被处死的士兵多达4000人。这种方法虽然对士兵有惩戒作用，却没能让步伐稳健的奴隶们停下脚步。克拉苏一败再败，可是为了取得最后的胜利，他不惜赔上自己的最后一支军队，哪怕血本无归。

在斯巴达克准备渡过墨西拿海峡，直逼罗马时，克拉苏绕到起义军背后，挖掘了一道横贯布鲁提半岛、深和宽各达4.5米的大壕沟，切断了起义军的退路。与此同时，海盗背信弃义，没有如约运送起义军渡海，因此起义军陷入了进退两难之地。

罗马元老院为了尽快平定叛乱，调初露锋芒的庞培来协助克拉苏。克拉苏担心功劳被庞培分享，向起义军发起了猛攻，消灭了大约一半的起义军。这时，起义军内部出现分裂，因此剩下的起义军几乎被克拉苏和庞培消灭殆尽。在轰轰烈烈的斯巴达克奴隶起义被血腥镇压之后，克拉苏和庞培都成了罗马的风云人物。

危机一解除，罗马的贵族派和民主派就恢复了斗争，他们围绕着是否建立军事独裁问题争论不休。当时民主派力量强大，于是克拉苏和庞培都走向了民主派。公元前70年，在民主派的支持下，克拉苏终于如愿以偿地当上了执政官。与他一起当选的，自然还有庞培。

为了稳坐执政官的位置，克拉苏和庞培恢复了护民官的权力，还废除了陪审团由元老院议员组成的法案，让骑士和平民也参加审判，赢得了广泛的支持。

不久，民主派又出现了一个新首领——恺撒。论权势，他比不上庞培；谈财产，他不及克拉苏；但是论军事才干和政治野心，他比他们俩都有过之而无不及。苏拉死后，他回到罗马，因控告苏拉派的马其顿总督贪赃枉法声名鹊起，于公元前69年当选财政官。

公元前63年，米特拉达梯六世去世，庞培征服了本都及其周边地区，在那儿设置了罗马行省，权力和威望一时无人能及。但是，贵族们并没有把庞培放在眼里，公元前61年，当庞培满载着从东方得来的战利品返回罗马时，贵族们不满意他擅自将行省的包税权给予骑士，更担心他像苏拉一样利用自己的权势走上独裁之路，因此迟迟不肯为他举行凯旋仪式。庞培请求元老院批准他在东方行省实行的各项措施，并且给他的老兵分配一些土地，元老院也断然拒绝。庞培非常不满，开始与元老院对抗。

同年，恺撒出任西班牙总督，可是在他动身之前，他的债主们追上门来，扣下了他的行装。克拉苏及时出现，为恺撒的巨额债务做了担保，他这才成行。一年任期结束之后，恺撒返回罗马，这时他虽然已经是个富豪了，但是元老院依然故意刁难他。

克拉苏及时抓住机会，用丰厚的资产拉拢庞培和恺撒，于是这两个政治上不得志的人慢慢地跟克拉苏走到了一起。为了共同反对元老院，更好地合作，他们三人于公元前60年秘密结盟——史称"前三头同盟"，并且达成了一项秘密协议：三人合力促成恺撒当选下一任执政官，恺撒在任期内要尽量批准庞培在东方的行省推行的各项措施，并通过一些对骑士有利的法案……

"前三头同盟"是"三巨头"为了实现独裁临时组成的，也是陷入危机之中的共和制向帝制过渡的形式。

在这一秘密同盟建立之后,克拉苏不顾恺撒与自己的妻子有私情,借了数以万计的钱帮助恺撒参加执政官竞选;而恺撒则不惜把年仅14岁的女儿尤利娅嫁给庞培,别扭地跟一个比自己大4岁的男人翁婿相称。为了左右罗马的政局,这些巨头们好像可以不择手段。至于他们心里真正的想法,也许只有他们自己才清楚。

"无冕之王"——恺撒大帝

德国历史学家西奥多·蒙森曾经这样评价恺撒:"他是一个彻底的现实主义者。无论是歌、酒,还是爱情,都从未穿透过他的生命。他从不受人摆布,永远清醒、理智,永远掌控着自己。"这正是恺撒一生的写照。

恺撒出生于罗马古老而显赫的尤利乌斯家族,受过良好的教育,爱好体育运动,他很崇拜自己的姑父马略,13岁时就在马略的举荐下当选朱庇特神的祭司。不过,他的家财并不丰厚,再加上他为了取悦民众而慷慨施舍,所以欠了一大笔钱,以至于在去西班牙赴任时被债主堵在了家门口。他深知必须拥有强大的军队和雄厚的资财才能超过另外两个"巨头",因此锁定了高卢行省总督这一肥缺。执政官任期一结束,他就匆匆赶赴高卢行省,开始大举扩张,意图以其为基地建功扬威、扩充军备,进而争取到更大的权力。

高卢大体上包括现在的法国、比利时、卢森堡、德国、瑞士及荷兰的部分地区，这里尚未形成统一的国家，只有许多原始部落各据一方，经常为争夺土地和牧场而刀兵相见。恺撒采取了分化瓦解和威逼利诱相结合的策略，在3年之内先后征服了赫尔维蒂人、日耳曼人、阿奎利亚人，逐步蚕食了整个高卢地区。这些战争给恺撒带来了数不尽的财物，恺撒拿出其中一部分，分给官吏、将士和平民，赢得了极高的声望。

不过，恺撒也深知自己的地位还不牢固，于是以祝贺战争胜利为名，在伊特鲁里亚的路卡大摆宴席，邀请了1000多名要人出席宴会。盛宴之后，他就与另外两个"巨头"走进密室，达成了如下协议：由庞培和克拉苏出任下一任执政官，之后庞培治理西班牙行省5年，克拉苏治理叙利亚行省5年；恺撒继任高卢总督，期限也是5年。

路卡密约之后，恺撒再次远赴高卢行省。这时，高卢各部落因为不满罗马人的大肆掠夺和欺压，纷纷拿起棍棒对抗罗马大军。恺撒再次挥动精良的武器，对这些尚未开化的"敌人"进行了残忍的屠杀，然后一批批地运走了他们的财物。

公元前54年，庞培走下执政官的宝座，按照路卡密约，接下来他应该去西班牙行省上任，不过他显然并不愿意就这样黯然离去。恺撒在高卢连连打胜仗，让他既嫉妒又担心，因此他把军队和西班牙行省事务全都委托给副将，自己则继续盘踞在罗马城。为了收买人心，他在罗马城建造了一座宏伟的剧院。

相比之下，克拉苏近年来一直默默无闻，处境尴尬。如今他终于坐不住了，渴望获得与庞培、恺撒相提并论的名誉，因此刚一就任叙利亚行省总督,他就匆匆忙忙地率军远征帕提亚帝国。估计当时他心里是这样想的:"只要征服了谁也奈何不了的帕提亚帝国,共和国就不需要其他英雄了!"

帕提亚帝国建立于公元前247年,它吸收了希腊人的先进文化,经济发达,武器精良,可不是高卢人能比的。在出征途中,克拉苏中了帕提亚军最杰出的统帅——年仅30岁的苏莱的诱敌之计,率领7个军团日夜急行军,于盛夏之时渡过幼发拉底河,进入广袤无垠的荒漠之中,谁知在古城卡莱被帕提亚骑兵团团围住。

当帕提亚军射来密如飞蝗的利箭时,罗马人的木制盾牌瞬间变成了纸片。很多箭穿透盾牌,将罗马重步兵的手钉在了盾牌上。罗马骑兵的坐骑被射死,但是他们有的抓住帕提亚人的长矛,硬生生把他们拽下马来,然后举起短剑猛地刺下去;有的则窜到帕提亚人的马身下,刺破马腹……然而,这些英雄之举终究没能挽回败局,罗马人几乎全军覆没,只有财务官喀西约统帅的一支骑兵侥幸逃生。

克拉苏一死,"前三头同盟"随之瓦解,罗马共和国也走到了尽头。

在卡莱战役的前一年,尤利娅难产而死,庞培和恺撒的同盟关系就已经出现裂痕,如今克拉苏已死,两个人之间正式展开了夺取独裁权的斗争。社会秩序空前混乱,越来越多的人开始对元老院表示不满。元老院为了平定暴动,与庞培结成同盟,同时颁布了反对暴力、反对官员受贿的法令,阻止恺撒延长高卢总督的任期,命令恺撒必须在任期结束之后解散军队,否则就以公敌论处,公然与恺撒决裂。

恺撒立即给元老院写信，叙述了自己为国家建立的功勋，表示愿意和庞培一起放弃兵权，如果庞培不答应，他很快就会率领人马赶回罗马，替国家和深受伤害的自己报仇。元老院认为恺撒这是在向他们示威，于是宣布庞培的军队为罗马的保护者，恺撒的军队为罗马公敌，还把拥护恺撒的护民官安东尼等人赶出了元老院。安东尼等人愤然离开罗马城，伪装成奴隶来到了恺撒面前。

高卢行省的士兵们得知自己被扣上了国家公敌的帽子，都气愤不已，纷纷建议恺撒进军罗马城。于是，罗马人进攻祖国的剧目再次上演。

公元前49年年初，恺撒率军直奔罗马城，在到达卢比孔河岸边时思索了良久。罗马法律规定，任何一位指挥官都不得带领军队渡过卢比孔河，否则视同叛乱。恺撒考虑再三，最终决定过河。他一边冲进河里，一边说："骰子已经掷出去了，就这样吧！"

得知恺撒渡过卢比孔河，贵族们都惊慌不已。元老院后悔当初没有同意恺撒的条件，一筹莫展之际只好派庞培率军抵抗恺撒。庞培率军前去应战，被恺撒大军击败，仓皇而逃。元老院许多议员也匆匆撤离罗马，追随庞培逃到了巴尔干半岛。

恺撒占据罗马后，考虑到庞培还掌控着东方行省和罗马所有的海军，不但没有大肆屠杀政敌，还赈济平民，取得了一部分议员和骑士的支持，也安抚了提心吊胆的民众。随后，他率军前往西班牙行省，收服了原本听命于庞培的7个军团。

在罗马的局势稳定之后，恺撒率军奔赴巴尔干半岛，与庞培一决雌雄。由于缺少强大的海军，恺撒在战争初期接连战败。庞培不禁得意忘形，以至于错过了消灭恺撒的最佳时机，被恺撒引诱到希腊内陆的法萨卢斯，被打得溃不成军，只得带着少数侍从逃往埃及。

此时的埃及法老托勒密十三世还是个孩子，他听从老师的建议杀死了庞培，意图讨好恺撒。按照前任法老的遗嘱，托勒密十三世本应与他的姐姐克娄巴特拉七世共同执政，他却独揽了大权。恺撒则被克娄巴特拉七世的美貌和才华打动，将她扶上了王位，还跟她成了情侣。

公元前47年，本都国再次叛乱，被恺撒平定。次年，恺撒又平定了庞培在非洲的势力，然后回到罗马。元老院在一个月之内为他举行了4次盛大的凯旋仪式。

恺撒慷慨解囊，给他的老兵们分发了战利品和土地，给每个罗马人发了10斗粮和10磅油，减免了承租人的租金，还摆了据说2.2万桌酒席大宴宾客，他的权势也随之达到了巅峰：他成了终身独裁官，拥有统治罗马的最高权力，在必要时可以不受法律的约束，是罗马的绝对统治者，还赢得了"大元帅""祖国之父"等荣誉称号。到这时，罗马共和国名存实亡。

曾经到处流亡的恺撒，凭借他冷静的头脑、卓越的才能，超群的魄力，以及他施行的仁政，成了"无冕之王"。后世尊称其为"恺撒大帝"，甚至有历史学家视他为罗马帝国的首位皇帝，他的名字也成了后世皇帝的代称。

斯巴达克起义

公元前73年春夏之交的一个深夜，从罗马中部的加普亚角斗士学校中的一扇铁窗里突然传出一声惨叫，3名卫兵闻讯迅速赶来，隔着铁窗厉声问里面的人："干什么？不老老实实睡觉，找死啊！"一名角斗士把头伸到铁窗跟前，说："死人了！高卢蛮子打死了我们的伙伴，我们把他制伏了。"

卫兵拿着油灯一照，发现牢里有个人被好几个角斗士反扭着双手，还有一个人一动不动地躺在地上，就说："把他交给我们，顺便把死人抬出来。"说着打开了铁门。就在这时，角斗士们全速出击，打晕3名卫兵，拨出他们身上的短剑，冲出牢门，打开了旁边的一扇扇沉重的铁门，放出了其他的角斗士。随后，角斗士们挥舞着镣铐，冲到了外面。

"向维苏威火山跑！"一个高昂的呐喊声划破了寂静的夜空。不一会儿，角斗士们就在这个呐喊者的带领下消失在了夜幕之中。

这个呐喊者名叫斯巴达克，他原本是色雷斯人，后来在一次抗击罗马人的战斗中不幸被俘，沦为奴隶。由于他聪明、健壮而且勇毅过人，所以他的主人把他送进加普亚角斗士学校，想把他培养成一名出色的角斗士。

加普亚角斗士学校主要负责为罗马国内的各大竞技场培训和输

送角斗士。角斗士大多是奴隶、战俘或死囚出身，因此他们的一举一动都受到严密监视。为了防止他们闹事或逃跑，奴隶主还给他们戴上了镣铐。

经过各种特殊的搏击训练，合格的学员会被送到各大竞技场，关进角斗台下的地窖里，直到角斗时才上场。在场上，他们身穿光亮的铠甲，戴上黄金面具，手持短剑和盾牌，或彼此角斗，或与饥饿的猛兽进行贴身肉搏。这是一场比打仗还要残酷的角逐，而且没有退路，也没有和谈的可能，只能拼命向前冲。为了夺得一线生机，人与人、人与兽不惜互相撕咬。而这种残酷的生死对决，竟然正是观众的快乐之源。角斗场面越是血腥，观众越兴奋。台上的观众一边搂着美女，一边大笑着欣赏角斗士们的"表演"。

战败的角斗士，生死由看台上的观众决定，如果他的表演非常"精彩"，引得观众纷纷竖起拇指，那么他还可以保住一条小命；相反的，如果观众的拇指大多是朝下的，那么很不幸，他将被处死。至于获胜的角斗士，能够免于一死，假如连续 5 年都能在搏杀中幸存，就能彻底获得自由。可是，在如此残酷的环境里，有多少人能够连续 5 年都得到上帝的眷顾，最终成为自由人呢？

暗无天日的生活和渺茫的前途，使角斗士们比其他奴隶更迫切地渴望自由。公元前 2 世纪中后期，西西里岛就曾经爆发过两次大规模的奴隶起义，后来都被残酷地镇压了。可是，各地的奴隶们追求自由的脚步从未停止。智勇双全的斯巴达克尤其不满于现状，他曾经向同伴们呼吁："宁愿为自由战死，也不供贵族老爷们取乐！"在他的带领下，数百名角斗士努力冲出牢笼，不过最终只有

78人侥幸逃脱。

前往维苏威火山途中，斯巴达克一行人碰巧遇上几辆装运武器的马车，于是他们干脆夺了这些武器，在维苏威火山上竖起了聚义大旗。

当时，奴隶逃跑只不过是家常便饭，因此并没有引起罗马政府的重视。附近的奴隶和破产农民得到消息，纷纷前来投奔，很快起义军队伍就发展到了近万人。在斯巴达克的率领下，起义军多次袭击奴隶主们的庄园，很快就震动了整个坎帕尼亚地区。直到这时，罗马政府才决定派兵围剿。

起义军与罗马政府军奋战了两年多，终因内部出现分歧而被消灭殆尽，斯巴达克也在公元前71年春季的一次激战中壮烈牺牲，6000名起义军被俘虏。罗马军按照罗马人对待罪犯的惯例，在阿皮亚大道两侧竖起了一排排十字架（每隔70米一个），然后把这些俘虏钉死在了十字架上。少数幸存的起义军流散到罗马各地，虽然没有统一的领导，但是他们依然坚持战斗了许多年，时刻提醒着奴隶主们要小心。

虽然斯巴达克起义失败了，但是它沉重地打击了奴隶主阶级，使奴隶主们开始重视用小恩小惠来笼络奴隶，从客观上改善了奴隶的待遇。为了提高奴隶的生产积极性，有些奴隶主甚至把自己的土地分成小块，让奴隶负责耕种，并允许奴隶分享一部分劳动成果，于是许多奴隶就这样逐渐变成了隶农。与奴隶相比，隶农的地位显然更高。这一结果是无数奴隶用鲜血和生命换来的，弥足珍贵。

从共和政体转向君主专制

公元前44年2月的一个节日盛会上,执政官安东尼将一个花环戴在了终身独裁官恺撒的头上,并称他为王。人群顿时安静下来,几秒钟之后,有少数人鼓掌叫好,可是大多数人都不由得发出一阵叹息。自从公元前509年小塔克文被赶出罗马城之后,罗马人就普遍仇视国王,罗马也没有再出现过国王。恺撒连忙取下花环,把它扔在地上,安东尼却捡起它又给恺撒戴上了,恺撒则再次扔了它。见此情景,平民们欢呼着向他致敬,而贵族派则深感不安。

公元前45年,元老院任命恺撒为终身独裁官。恺撒继苏拉之后再次建立起独裁统治,为了恢复国家秩序、巩固自己的统治,他在经济、政治乃至文化上都进行了一系列的改革,赢得了大部分人的拥护,却损害了一些贵族的利益,让他们大为不满。现在安东尼当众称恺撒为王,他们认为恺撒分明想称王,因此更加仇视恺撒了。

为了不让这种担忧变成现实,大约60名贵族聚在一起,策划如何谋杀恺撒。公元前44年3月15日,恺撒在庞贝建造的剧院的东门廊上读一份陈情书时被一群贵族刺杀。临死之前,恺撒说了一句话:"布鲁图斯……你也在这里吗?"布鲁图斯是恺撒的养子,从此这个名字成了"家贼难防"的代名词。恺撒能够掌控自己,却掌控不了别人，即便是他的养子。

恺撒死后，罗马立刻陷入骚乱之中，谁都不想由别人来掌控自己的命运，各派势力都在明争暗斗。安东尼认定自己是恺撒最合适的继承人，却因为用武力镇压示威人群失去了平民的爱戴，他开始与元老院和解，同时打压恺撒的亲人屋大维。

屋大维是恺撒的外甥女阿提娅的儿子，后来被恺撒收为养子，恺撒在遗嘱中把自己的名字和3/4的财产都留给了他，并规定布鲁图斯为自己的第二顺序继承人。也就是说，屋大维是恺撒指定的第一继承人。恺撒遇刺时，18岁的屋大维正在外地服役。

他回到罗马城之后，被元老院利用，与安东尼僵持了一阵，之后他发现了真相，以武力迫使元老院选举他为执政官，并与安东尼握手言和，还联合了恺撒的另一个心腹雷必达，3个人公开结盟——后人称之为"后三头同盟"。

"后三头同盟"以为恺撒报仇为借口，开始清洗元老院中的敌对势力。在大清洗中，有300名元老院议员和3000名骑士殒命，他们的产业都被没收，成为"后三头同盟"的军用物资。刺杀恺撒的主谋卡西乌斯和布鲁图斯自杀身亡。

公元前40年，"后三头同盟"将罗马分成4块，富庶的东方分给了有权势的安东尼，非洲归雷必达，西方和高卢是屋大维的地盘，亚平宁半岛由"三巨头"共同管理。

此后，屋大维在罗马广结人缘，巩固自己的地位。由于善于笼络人心，又具有恺撒的继承人的身份，所以他得到了恺撒的老兵和平民的支持。

安东尼被克娄巴特拉七世迷人的身姿、优雅的举止和机智的谈吐迷惑，将东方的事务交给了副将，自己则深陷埃及的温柔乡，整天过着快活的日子，越来越像埃及人而不是罗马人。

至于雷必达，他在"三巨头"之中的地位越来越低下。公元前36年，屋大维借助雷必达的力量消灭了掌握着西西里、撒丁和科西嘉三座岛的庞培之子绥克斯，随后就剥夺了雷必达的军权。

随着时间的流逝，安东尼并没有对克娄巴特拉七世感到厌倦，反而深深地爱上了她，不但与她结成了夫妻，还公开宣称要将利比亚、腓尼基、叙利亚、亚美尼亚和尚未被罗马征服的帕提亚赠送给她。罗马人见安东尼违反习俗将罗马的属地转赠他人，都非常不满。屋大维乘机反对安东尼。

公元前31年9月2日，在希腊西北部的亚克兴海角，屋大维大军与安东尼大军展开了激战。刚开始时，双方不分胜负，可是当战争越来越激烈时，克娄巴特拉七世突然率领埃及舰队撤离了战场，安东尼不顾将士们的生死，尾随这位埃及女法老而去。安东尼的海军没有主帅指挥，被屋大维消灭。陆地上的10万人马得知安东尼独自出逃，纷纷降服。亚克兴海战之后，屋大维稳操胜券。持续了长达13年的内战，即将落下帷幕。

次年夏天，屋大维向埃及进军，在亚历山大里亚击败了安东尼。安东尼提出一对一与屋大维决斗的请求，屋大维冷冷地回答："没这个必要，如果你想死，办法多的是。"安东尼见大势已去，拔剑自刎。

克娄巴特拉七世躲进墓堡，但是被屋大维生擒，后来自杀身亡。她和恺撒所生的儿子小恺撒，被屋大维无情地杀死，这样就没有人能威胁到屋大维身为恺撒唯一继承人的身份了。随后，埃及成为罗马帝国的埃及行省。

公元前29年夏，屋大维返回罗马，元老院为他举行了盛大的凯旋仪式。他将战利品分发给了士兵和市民。

长期的内战结束之后，屋大维让罗马人再度过上了和平、安定的生活。为了不至于重蹈恺撒的覆辙，屋大维尽量为自己的统治披上共和的外衣。公元前27年1月13日，屋大维召开元老院会议，交出了自己作为三头之一的权力，并且宣布恢复共和，可是最后却经不住元老院和公民的一致请求，接受了有悖于共和的绝对权力，并保留"大元帅"称号。3天之后，对屋大维充满感激之情的元老院授予了他"奥古斯都"（神圣、高贵、伟大之意）的尊称。

公元前19年，屋大维被推举为终身执政官，享有超越普通执政官的权力。6年之后，雷必达病逝，屋大维独揽罗马的行政、军事、司法和宗教大权，但是并没有采取独裁统治，也没有称自己为君主，而是自称元首（即国家的第一公民）。这种统治形式就是元首制，它实际上是一种隐蔽的君主专制。

屋大维不但结束了长期的内战，并以实际意义上的独裁者的身份统治罗马超过40年。在他的统治期间，罗马进入了一段相当长的和平、繁荣时期。屋大维不愧于"奥古斯都"的称号。从此，罗马从共和政体转向君主专制，罗马帝国正式创立。

奥古斯都的无奈：白发人送黑发人

罗密欧与朱丽叶在一个舞会上一见钟情，但由于两家是世仇，他们的**爱情**受到了极大的阻碍，可压迫非但没有让他们分开，反而令**彼此爱**得更深，最终双双殉情。

是什么原因让这对遭棒打的鸳鸯关系更紧密呢？心理学上有这样一种解释：如果一个人是自愿做出某种选择的，那么他会倾向于越来越喜欢他所选择的对象；而当他是被迫做出某种选择的，他会倾向于越来越讨厌他所选择的对象。这一心理现象，心理学上称之为"禁果效应"。

这一效应虽然是近期才提出来的，但是据《圣经》记载，早在上帝创造人类时，它就已经存在，"禁果"一词正是从夏娃偷吃智慧果的故事中来的。从古至今，无论是普通人还是大人物，都免不了受这一效应的制约，即便是"奥古斯都"屋大维，也没有例外。

为了巩固自己的权力，屋大维像恺撒一样，也采取了政治联姻的手段，不过他这时还年轻，没有女儿可以许配给别人，所以他只好"牺牲"自己，娶了一个他并不喜欢的女人司克里波尼娅。婚后，他们有了一个女儿——朱莉娅·恺撒里丝，可是屋大维依然没有把司克里波尼娅视为自己的妻子。在这段政治婚姻已经没必要维持下去时，屋大维断然与司克里波尼娅离了婚。

一天，屋大维偶然遇见一个名叫莉薇娅的女人，立刻被她深深地吸引了。莉薇娅比屋大维小5岁，相貌平平，而且已经结婚，还有一个名叫提比略的儿子和一个即将出世的孩子，可屋大维并不在意这些，就是喜欢她，眼里再也容不下别的女人。为了能够与她长相厮守，他与情敌进行了谈判。

莉薇娅的丈夫名叫克劳狄·尼禄，是莉薇娅的表哥。在恺撒被刺杀之后的内战中，克劳狄与屋大维是敌对关系。如今两个人为了一个女人，再次相遇。谈判的结果是克劳狄·尼禄出于家族利益宣布退让，并同意担任莉薇娅的"伴娘"。公元前38年1月，25岁的屋大维终于把自己心爱的女人娶进了家门。这一次结婚，他是自愿的、欢天喜地的。

婚后3个月，莉薇娅生下一个男孩，取名德鲁苏斯——这是克劳狄·尼禄家族经常取的名字。莉薇娅和屋大维没有生过孩子，但是他们的婚姻仍然维持了52年，成了罗马人的榜样。

不过，如果有人因此认为莉薇娅是标准的贤妻良母，那他就大错特错了。由于靠近权力中心，拥有的自由越来越多，莉薇娅逐渐显露出她的野心。

屋大维只有朱莉娅·恺撒里丝这一个女儿，因此他曾经属意自己的女婿玛尔凯路斯来继承自己的事业，但是公元前23年，玛尔凯路斯食物中毒而死，有人说他是被莉薇娅毒死的，但是没有谁能证明这一点。不过，从此以后，莉薇娅就开始推荐她的两个儿子进入政界，令人不得不对她有所怀疑。

玛尔凯路斯去世之后，朱莉娅·恺撒里丝再嫁，生下3个儿子和2个女儿。屋大维抱走了其中2个男孩，分别给他们取名为盖约·恺撒、卢基乌斯·恺撒，并且亲自抚养他们，有意把他们培养成自己的接班人。与此同时，他也非常重视自己的两个继子——提比略和德鲁苏斯。在他的提携下，提比略担任过军团长官，并且打了几场胜仗，逐渐有了一些名气。

提比略原本有一个幸福美满的家庭，他的妻子维普萨尼娅是朱莉娅·恺撒里丝的第二任丈夫马库斯·阿格里帕与前妻生的女儿，他们夫妻俩感情深厚，还有一个儿子。可是，公元前12年，随着马库斯·阿格里帕战死沙场，提比略的幸福生活也戛然而止。

马库斯·阿格里帕不但是屋大维的女婿，还是屋大维最亲密的朋友兼得力助手，他的死对屋大维影响很大。为了稳定政局，屋大维授意提比略接管马库斯·阿格里帕的一切。也就是说，提比略不但要成为继父的新助手，还要与发妻离婚，迎娶岳父的遗孀朱莉娅·恺撒里丝。提比略无力违背位高权重的继父，也禁不住渴望权力的母亲莉薇娅的苦苦相劝，只好奉命行事。

这段政治婚姻就像大部分的政治婚姻一样，也没有给当事人带来幸福。屋大维曾经经历的痛苦，现在也缠上了提比略。提比略一刻也不愿意与现在的妻子一起生活，又考虑到屋大维的3个外孙都已经长大，而他自己又是屋大维所有继承人之中最年长、功劳也最大的那一个，难免会陷入继承人的纷争之中，于是在公元前6年，他不顾母亲莉薇娅的苦苦挽留，毅然离开罗马，成了罗德岛上的一个隐士。

提比略独自隐居之后，朱莉娅·恺撒里丝遭人控告，罪名是与人通奸。屋大维行使"父权",将她流放。朱莉娅·恺撒里丝的长子波斯图姆斯·阿格里帕因为行为放荡,也被屋大维流放,不久之后被谁下令处死。公元2年,年仅18岁的卢基乌斯·恺撒突然死亡。两年之后,23岁的盖约·恺撒也突然死亡。没有人知道这两个年轻人到底是怎么死的。

外孙们的永远离去,给61岁的屋大维带来了沉重的打击,从此以后,他再也享受不到他们兄弟承欢膝下的欢乐了。然而,事已至此,屋大维也只能徒然地发出这样的感叹:"是无情的命运夺走了我的外孙们的生命……"一个把曾经一片混乱的罗马治理得欣欣向荣的伟人,也不得不向所谓的命运低下高贵的头颅,独自舔舐永远难以平复的伤口。

可痛心归痛心,屋大维也不得不考虑皇室空虚的残酷现实,为了使自己的大业后继有人,他不得不迅速召回当时已经45岁的提比略,收他为养子。公元13年,屋大维把整个罗马帝国的土地以及军队的最高指挥权全都交给了提比略,并在遗嘱中提到要传位给提比略,可是同时也刻意提到早已离开人世的两个外孙,让所有人都不得不这么想:他还没有忘却往事,他对确立继承人一事还有些犹豫,他好像更希望他的继承人身上流淌着他这个"奠基人"的血……

虽然屋大维的心里非常矛盾,但是他传位给提比略一事是无可争议的。第二年,屋大维去世,56岁的提比略继位。

这一结果,也许是莉薇娅日日夜夜都渴望看到的吧!除此之外,屋大维也在遗嘱中说明,在他死后,她可以继续维持原有的地位和权力。公元 20 年，如果有人敢说莉薇娅的坏话，那么他就犯了叛国罪……

可是，当莉薇娅越来越炙手可热时，她与提比略的关系也越来越差。她总是以让提比略当上元首的大恩人自居，这一点让提比略尤其反感，他取缔了屋大维赋予莉薇娅的大部分特权。公元 29 年，当她终于结束有权有势的一生时，提比略甚至拒绝去参加她的葬礼。

虽然没有证据证明莉薇娅与屋大维的诸多继承人的死亡有关，但是从她的儿子提比略对待她的态度来看，她并不是一个称职的母亲，更像一个醉心于权力并且深藏不露的女人，没有人能够洗刷她的嫌疑。

能够稳稳地掌控一个帝国的屋大维，却接二连三地遭遇"白发人送黑发人"的不幸，最后带着遗憾离开了人世，不禁令人唏嘘。

第七章 朱里亚·克劳狄王朝

深沉严苛的提比略

提比略是一个备受争议的皇帝，有些人认为他是一个大好人，有些人却认为他十恶不赦。

提比略即位之后，沿袭了屋大维的成例。在政治上，他拒绝了"祖国之父"等荣誉称号，仿效共和时期的做法，事无巨细亲自向元老院报告，还经常到法庭监督审判，以防法官贪污受贿；在经济上，他削减了公共娱乐的开支，厉行节约，并以身作则，同时积极发展贸易，增加财政收入；在军事上，他精兵简政，从不轻易对外用兵；在社会舆论方面，他提倡言论自由……他的统治为罗马积累了丰厚的财富，让人民过上了20年的和平生活，可正是这样一位在内外事务上都有些成就的君主，却落得一个"暴君"的恶名。

提比略出身于克劳狄家族这一名门望族，他的父亲克劳狄·尼禄担任过恺撒的财务官。恺撒遇刺之后，罗马国内一片混乱，为了逃避仇人的追捕，年幼的提比略跟随父母东躲西藏，因为困苦和忧患变得既胆怯又忧郁。后来，母亲莉薇娅改嫁屋大维，提比略与弟弟德鲁苏斯成了屋大维的继子。此后不久，他们的生父克劳狄·尼禄就病逝了。

好在屋大维是祖母抚养长大的，对儿时没有母亲呵护的经历记忆犹新，不禁对这两个孩子生出了温情，不但接受了他们，还对他们疼爱有加。

如果屋大维始终将提比略视如己出，也许提比略会平平淡淡地走完这一生。可是，屋大维毕竟是开创了罗马帝国的大人物，位于权力的中心，身边难免会有权力之争，也正是因为权力，他的感情天平开始倾斜，让原本有些忧郁的提比略变得更加封闭。

屋大维生前很早就开始注意培养自己的继承人了。在女婿玛尔凯路斯中毒身亡时，屋大维选中了自己的得力助手马库斯·阿格里帕，因此把女儿朱莉娅·恺撒里丝嫁给了他，用心爱护他、栽培他，甚至把他的儿子抱过来亲自抚养，希望把他们也培养成接班人。

谁知马库斯·阿格里帕竟然意外战死，当时他的孩子都还年幼，因此屋大维把目光转向了两个继子。于是，提比略成了朱莉娅·恺撒里丝的第三任丈夫。

基于这段政治婚姻，屋大维为提比略兄弟俩创造了许多建立军功的机会。提比略没有辜负他的期望，屡立战功，在小有名气之后还出任过财务官、大法官和执政官等职务，公元前6年，还获得连任5届护民官的特权。

然而，随着屋大维亲自抚养的那两个男孩逐渐长大，屋大维生出了罢黜提比略之意，虽然这两个男孩在他自己和元老院的议员们眼中都显然不具备帝王之才。这一点让提比略非常难过，不是因为可能失去权力，而是因为他觉得他对屋大维而言终究是个"外人"。考虑再三，他放弃了连任五届护民官的特权，选择了自我放逐。

直到屋大维的三个外孙——离开人世，他才被召回罗马，成为屋大维的继承人，而这时他已经隐居整整10年。又过了10年，屋大维去世，年过半百的提比略终于成了罗马帝国的第二任元首。由于几经周折才成为继承人，所以他在即位时并没有感到喜悦，反而觉得十分勉强，甚至有些厌恶元首这一身份。可以说，提比略的统治是在屈辱之中开始的。

但当上皇帝之后，提比略还是尽了一个元首应尽的职责。他采取了一系列措施，让罗马变得既稳定又富强。不过，对一般的罗马人来说，没有了公共娱乐、战利品和凯旋仪式的生活难免有些乏味，再加上提比略个性深沉、喜怒无常、待人严苛，明显比屋大维吝啬得多，所以他没能受到臣民的普遍爱戴。

臣民的这种态度，让努力与臣民搞好关系的提比略变得更加阴郁，他总是怀疑有议员反对他，而且鄙视议员们的谄媚行为，因此许多议员都开始与他为敌。

在继承人问题上，提比略的处理方式好像也不得人心。按照屋大维的遗嘱，提比略只是一个过渡，接下来继承元首之位的人应该是与屋大维有血缘关系的日耳曼尼库斯，可是日耳曼尼库斯却在提比略即位5年之后就死了，而他的死好像提比略也难逃干系。

日耳曼尼库斯是屋大维的姐姐屋大维娅之孙，也是屋大维的外孙女大阿格里庇娜的丈夫，与大阿格里庇娜生有9个子女，其中有6个长大成人。屋大维生前曾让提比略收他为养子，分明是有意让他继承元首之位。公元18年，提比略派日耳曼尼库斯去处理帕提亚事务，但是叙利亚行省总督皮索对日耳曼尼库斯多方掣肘，第二年日耳曼尼库斯就死了。临死之前，他认定是皮索毒害了他，要求家人为他报仇。于是，大阿格里庇娜控告皮索谋杀了自己的丈夫。随后，皮索被召回罗马，却在审判过程中自杀了，以致死无对证。由于皮索是提比略的心腹，因此有人认定日耳曼尼库斯被杀一案的主谋是提比略。

大阿格里庇娜认为自己身上流着屋大维的血，一向看不起过继来的提比略，这时也认定提比略有谋害自己丈夫的嫌疑，因此组成了反提比略同盟，要求严惩真凶。提比略没有给予直接反击，帝国的统治依然顺利地进行着。

公元23年，提比略的儿子不幸去世，使提比略再次萌生了隐居的念头。在亲人反叛、痛失儿子的煎熬中度过4年之后，他终于再次离开罗马，隐居在坎帕尼亚的卡普里岛。

虽然隐退了，而且已经68岁，但是提比略并没有放弃权力，他通过书信与元老院来往，还指定近卫军长官塞亚努斯为他在罗马的代理人，以维持罗马的运作。此后，他再也没有回过罗马。

塞亚努斯利用提比略的多疑，动不动就控告议员们背叛祖国，陷害了许多人。公元30年，又是在塞亚努斯的运作下，大阿格里庇娜派被扣上了图谋不轨的罪名，大阿格里庇娜及其女儿小阿格里庇娜、长子尼禄被流放，次子德鲁苏斯被监禁在皇宫里，三子卡利古拉则被寄养在祖母家。那些支持和同情大阿格里庇娜的人，也受到了牵连。人们因此对塞亚努斯恨之入骨，也更加畏惧提比略。

不过，公元31年，遥控罗马的提比略就撤了塞亚努斯的职，任命马克罗为新任近卫军长官。不久，元老院召开会议，宣读了提比略的一封信，然后以阴谋夺权罪将塞亚努斯就地正法。除了塞亚努斯之外，还有60多名互相倾轧的议员被杀，而其中只有寥寥数人让人觉得杀了可惜。但也正因为如此，提比略才变得令人恐怖起来，成了"暴君"。

从史料来看，在提比略当政的23年里，罗马都没有出现过大动乱，只有一些对他个人性格的诟病。

放荡成性的卡利古拉

公元37年3月16日，79岁高龄的提比略在隐居地与世长辞。提比略在遗嘱中指定了两个继承人，一个是他的嫡孙葛梅鲁斯，另一个是日耳曼尼库斯之子卡利古拉。可是，消息刚刚传到罗马，元老院就把所有的权力都授予了卡利古拉。3月28日，卡利古拉护送提比略的遗体抵达罗马，民众都抛来鲜花欢迎他，元老院的议员们则派出两位执政官去迎接他。大家已经知道，要成为罗马皇帝，必须同时得到公民和元老院的一致认可。由民众和议员们的反应来看，卡利古拉显然已经正式获得"承认"。

在此之前，还从未有过一位皇帝是在万民拥戴的情况下登上皇位的，为什么卡利古拉这个还差5个月才满25岁的年轻人这么容易就大权在握了呢？只因为他是屋大维的后代。

卡利古拉（意为"小军靴"）出生在罗马以南50公里之外的

海滨城市安提姆,小时候非常惹人疼爱。屋大维去世之后,驻守在罗马北部莱茵河流域的日耳曼军团士兵借机发动暴乱,提出了退役、提高待遇、减轻负担等要求。当地军官无能为力,提比略就派日耳曼尼库斯前去处理此事。当时还年幼的卡利古拉被母亲搂在怀中,追随父亲来到前线,开始了军营生活。

从2岁到4岁,卡利古拉都是在士兵们的看护之下成长的,可以说是士兵们的"开心果"。士兵们为他穿上小军靴,并以此为名来称呼他,于是他的本名盖约就逐渐被人遗忘了。

暴乱平定之后,日耳曼尼库斯返回了罗马。提比略为他举行了凯旋仪式。日耳曼尼库斯驾着由4匹白马拉的战车,载着3个儿子——即将满5岁的卡利古拉、9岁的杜路苏斯·恺撒、10岁的尼禄·恺撒,出席了凯旋仪式。罗马人民见日耳曼尼库斯立了战功,而且拥有一个幸福美满的家庭,对罗马的前景充满了期待。

没过多久,日耳曼尼库斯被派去处理帕提亚方面的事务,卡利古拉再次与父母一起踏上了征程,他的两个哥哥被留在罗马接受教育。公元19年的一天,日耳曼尼库斯突然病倒,十来天之后就去世了。从此,再也没有一个男人像他那样疼爱卡利古拉了。

按照现代学者的推断,日耳曼尼库斯死于疟疾,但是他本人以及他的妻子大阿格里庇娜都认定他是被毒害的。丈夫死后,大阿格里庇娜怀着对提比略的憎恨抚养卡利古拉,卡利古拉就在这种家庭环境下度过了他7~14岁的时光——这正是孩子的个性形成的关键时期。

卡利古拉15岁那年,提比略到卡普里岛隐居。又过了两年,唯一可以压制提比略的莉薇娅过世，随后大阿格里庇娜一家纷纷开始遭遇不幸，有的被流放，有的被关押。卡利古拉因为尚未成年，幸运地被寄养在祖母安东尼娅家。

安东尼娅是安东尼与屋大维娅之女，也是提比略之弟德鲁苏斯之妻，她不幸早年丧夫，但没有再婚，而且恪守妇道，所以名声很好。因此，提比略才把她的住所当成了一个专门"扣押"一群特殊"人质"——罗马帝国盟邦王子们的地方。在这里，卡利古拉结识了一些同龄人，度过了也许是他一生中最幸福的一段时光。

可是，这种时光只持续短短两年就结束了。卡利古拉19岁那年，他的大哥尼禄·恺撒在流放地蓬扎岛去世，他则被提比略召到了卡普里岛。21岁时，他当选财务监察官，并且举行了他一生中的第一次婚礼，也算是事业、家庭双丰收，但是随后噩耗就接踵而至，先是他那被软禁在皇宫地下室的二哥德鲁苏斯·恺撒去世，接着是他的母亲大阿格里庇娜在流放地文托特内岛与世长辞。

对深受父母和哥哥关爱的卡利古拉来说，这种打击无疑是沉重的，但是面对提比略这个名义上的"祖父"，他百依百顺，从未流露出对亲人所遭遇的不幸的愤恨和难过。

但无论怎么掩饰，卡利古拉残暴的本性都没有改变，他经常出入酒吧和妓院，每次观看拷打或行刑时都激动不已。提比略非常了解这个名义上的孙子，但也无可奈何，只是说："只要卡利古拉活着，要么毁灭他自己，要么毁灭大家。"

提比略去世之后，罗马市民非常爱戴卡利古拉的父亲日耳曼尼库斯，也同情他那几近灭绝的家族，就把罗马的未来寄托在了他身上。于是，年轻英俊的卡利古拉顺利地登上了皇位。

提比略留给卡利古拉的，是一个内外稳固、财政充盈的国家。在举国上下一片欢腾的气氛下，卡利古拉声泪俱下地厚葬了先皇提比略，大方地废除了备受批评的"告密"制度和税收制度，仁慈地赦免了所有因政治原因被流放到国外的人，平静地焚烧了有关他母亲一案的卷宗，还宣称他从未看过这些卷宗，甚至碰都没有碰一下……卡利古拉的这些举措，令罗马上自元老院议员下至黎民百姓全都欢欣鼓舞，人们对他充满了敬意和崇拜之情。

相比之下，先皇提比略的待遇就差太多了。当他的遗体被火化时，甚至还有人破口大骂："把他扔进台伯河里喂鱼！"在这种情况下继位的卡利古拉，应该非常清楚什么样的统治会激起民愤，但是上任不到一年，他就露出了本性。

令他做出这种转变的是一场大病。当时，他即位才7个月，突然高烧不退，连床都起不来。人们得知了此事，纷纷惶恐、焦急地祈求众神保佑他早日康复。他终于恢复了健康，但是从此性情大变。可能是因为他拥有了一切，原本就担心失去这一切，是这场大病加剧了他这种担忧，让他不顾一切地开始"享受"生活。

他下令毒死葛梅鲁斯，随意玩弄元老院议员们的妻子或情妇，借故羞辱、流放或虐杀元老院议员，剥夺了许多罗马贵族的高贵标志，依据以前被销毁的告密材料的副本指责那些可耻的行径，还自命为神，命令所有人都必须向他的雕像致敬。

为了供个人享受，也为了讨人们的欢心，卡利古拉还经常举办已经被禁止20多年的角斗比赛、马车比赛，以及各种舞台演出，修缮了年代久远的城墙和神庙等公共工程。据说，他甚至还用黄金造宫殿、军舰、马具……短短一两年时间，他就把提比略积累下来的2.7亿塞斯太尔斯（古罗马铜币，1塞斯太尔斯合16阿司）挥霍一空。

国库空虚之后，卡利古拉不得不绞尽脑汁来填补财政漏洞，他先利用行省人民对皇族的敬意和憧憬，有"创意"地把屋大维和提比略用过的东西拿到了远离罗马的里昂拍卖，从一些富翁那里小赚了一笔，可还是入不敷出，因此他又萌生了征服帕提亚人的念头，于是立刻从各地集结军团，以前所未有的规模筹集军需物资。然而，战争还没有开始，他就打消了用兵的念头。

在搜刮了军队之后，他那敛财的手又伸向了平民。他取消了罗马公民权可以世袭的法律，以增加缴税人数；要求人民将皇帝列入遗产受赠人之列，否则遗嘱无效；默许各种诬告，并没收被诉者的财产；所有商品交易都要交税，甚至连生活贫困的搬运工人、妓女也成了征税对象。这些措施把卡利古拉的最后一批支持者——普通民众也得罪了。于是，宫廷内外无不伺机谋反。

公元41年1月24日上午，卡利古拉在观看了戏剧表演和角斗比赛之后，准备回皇宫吃午饭时，被两名近卫军大队长刺杀。

事后，两名近卫军大队长被元老院处死，但是参与行刺的士兵没有被问罪。普通民众对此事反应相当冷淡，甚至懒得叫一句"把他扔进台伯河里喂鱼"。与当初受欢迎的场景相比，卡利古拉的葬礼现场异常冷清。

在刺杀卡利古拉的两名近卫军大队长中，有一个名叫卡西乌斯·卡瑞亚。卡瑞亚是日耳曼尼库斯的老部下，看着卡利古拉长大，跟卡利古拉多少有些感情，为什么他要对卡利古拉下手呢？如果说是为了权力，根本解释不通，因为他在行动时只带了20来个士兵作为帮手，此后又坦然赴死，显然没打算活着收场。

有人说，卡瑞亚一直单身，卡利古拉经常为此笑话他，伤了他的自尊心，因此他才对卡利古拉痛下杀手。这种说法有合理之处，但是经不起推敲。卡瑞亚毕竟是长辈，不太可能跟性格上还不够成熟的卡利古拉一般见识；而且，卡瑞亚没有孩子，对他来说卡利古拉应该就像家人一样亲切。

也许，卡瑞亚是因为不忍心看着卡利古拉继续堕落下去，才像父亲一样"大义灭亲"，杀了这个不肖子吧！

凡事采取中庸之道的克劳狄

古罗马时代有这样一位"不务正业"的皇帝——克劳狄，这位皇帝喜欢研究古史和文学。

克劳狄是日耳曼尼库斯的弟弟，当他还是婴儿的时候，他的父亲德鲁苏斯就去世了。后来，他的哥哥日耳曼尼库斯被屋大维收养，因此克劳狄家族只好勉强由他继承。说"勉强"，是因为他不但身体有残疾，而且不善言辞。他母亲安东尼娅说他是一个"由自然生产但并未完工的怪人"。让这样一个人来继承一个家族，确实有些勉强。因此,在屋大维和提比略当政期间,无论是什么样的公众活动,这位克劳狄家族的成员都没有机会参加,以免"给那些爱挖苦人的人提供污辱他本人和皇族的把柄",有失体面。

虽然明知自己是家族中的"丑小鸭",但是克劳狄并没有因此而自暴自弃,从少年时代开始,他就整天与书本为伴,以打发无限的空闲时间。他尤其喜欢研究古史和文学,还撰写了《伊特鲁里亚史》(20卷)、《迦太基史》(8卷)、《奥古斯都传》(41卷),只可惜这些书籍后来都失传了。

这个看似痴呆的人,实际上是非常有智慧的,他不但是一位历史学者,还是一位很有见地的政治家。在分析罗马问题时,他认为罗马的成功在于既不丢掉自己的优良传统又能吐故纳新。

侄儿卡利古拉继位之后,从未受过政治栽培的克劳狄终于有机会从政,而且当选执政官,但是这一殊荣并没有为他赢得民众的尊重。当他在公众面前发表演讲却无法清楚地表达自己的见解时,人们总是以看笑话的方式看着这位皇室成员出丑,就连卡利古拉也忍不住以嘲弄的目光看着他。

又过了4年,激起民愤的卡利古拉被刺杀,他的第四任妻子和1岁的女儿也一起遇害。近卫军们为了应急,找到了当时已经51岁的克劳狄。他还以为是近卫军造反了,吓得躲在剧院里的一块幕布后面不敢出来,身体像筛糠似的抖个不停,直到被士兵们扛回近卫军团营区,接受了他们对他的朝拜,他才确定自己已经被迫接手了整个罗马帝国,一时不会有生命危险。元老院别无他法,只好承认这一事实。

克劳狄即位后,谦逊地拒绝了各种头衔,热心地与元老院合作，也非常尊重公民大会，还亲自带兵平定了不列颠叛乱，所以迅速获得了人民的爱戴。

克劳狄修建的公共工程并不多，但都是非常重要的大工程，比如耗时11年修建排水道、疏浚罗马外港奥斯提亚等。他在奥斯提亚港两侧修建了弧形的防波堤，在入口处的深水段修筑了拦波堤，还立了一座灯塔为来往船只指引方向。

值得注意的是，他广泛地向行省居民赠送公民权，废止了只从罗马高层公民之中选举议员的规定，并且吸收行省的上层人员参加元老院。在外交上，他恢复了恺撒的扩张政策，设立了不列颠、毛里塔尼亚和色雷斯等5个行省。

他的统治，力求各个阶层能够和谐相处。这些做法巩固了罗马的统治，无疑都是有政治远见的。

另外，他还积极地将屋大维创建的元首办公厅、御前会议、最高法院等元首制权力机构制度化。不过，由于中年时才意外称帝，先前并没有培养相应的人才，也可能是因为用人不拘一格，所以克劳狄所依靠的左右手主要是他家里的一些获释奴隶，比如纳尔奇苏斯、帕拉斯、波力比乌斯等人。他们欺下瞒上，把皇宫当成了贩售官职的场所，以致宫廷内外无不对他们充满怨恨。而克劳狄经常沉浸在书本和写作之中，对此一无所知。

即位之前，克劳狄有过3次婚姻。他的第一任妻子还未过门就去世了。第二任妻子为他生了一个女儿，可是他们经常因为生活琐事而争吵，在女儿不幸早夭之后，婚姻也很快走到了尽头。第三任妻子是他的表侄女美撒利娜，也就是现在的皇后，她为他生了一儿一女，因此权力和欲望越来越大。她看上了波力比乌斯的豪宅，于是以意图谋反罪让丈夫诛杀了波力比乌斯。为了让儿子继承皇位，她极力打压其他有机会继承皇位的皇族。

公元 48 年，美撒利娜趁丈夫外出考察之际，与情夫盖乌斯·西利乌斯举办了结婚典礼。克劳狄得知此事后，气急败坏地赶回罗马，下令逮捕了他们。美撒利娜想当面向克劳狄求情，却被纳尔奇苏斯拦下，最终在纳尔奇苏斯的逼迫下自杀。西利乌斯以及许多受到牵连的元老、高级官吏、军官被杀。

美撒利娜死后，为了协助克劳狄处理家务，小阿格里庇娜以皇帝侄女的身份进入皇宫。这时，小阿格里庇娜已经有过两次婚姻。她与第一任丈夫格涅乌斯·多米提乌斯生了一个男孩，谁知儿子 3 岁时，丈夫却水肿身亡，为了让儿子有机会出人头地，她又嫁给了一个富豪，然后毒死了这个富豪。她跟她的母亲大阿格里庇娜除了血脉相通之外，没有任何共同点。她不但渴望权势，而且淫荡、阴险、恶毒。

克劳狄不像有些皇帝那样喜欢娈童，但是他像另外一些皇帝那样喜欢美女，连他那貌若天仙、毒如蛇蝎的亲侄女也在他的考虑之列。于是，公元 49 年，由帕拉斯牵线，克劳狄迎娶了他的第四任妻子——小阿格里庇娜，同时多了一个继子。

婚后，小阿格里庇娜一心想要谋害克劳狄，好让自己的儿子继位。公元 54 年，克劳狄在一场家宴之后莫名地死亡，虽然皇后小阿格里尼娜对外宣称他是误食毒蘑菇而死的，但是人们无不怀疑她才是真正的凶手。

由于克劳狄受到获释奴隶、妻子的操纵和捉弄，因此在古罗马历史学家塔西佗的笔下，他是一个懦弱无能、被人轻视的皇帝。不过，从克劳狄在历史方面的才华以及政绩来看，他并非如此不堪。他扭转了罗马在政治和经济上的颓势，使罗马帝国得以稳定地发展。他去世之后，被民众以王者之礼安葬，还被封为神灵，这也许才是对他的政绩最公允的评价。

臭名昭著的尼禄

在塔西佗的历史著作中，有这样一段惊人的文字："竞技场上，一些身上蒙着兽皮的基督徒给狼狗活活咬死，一些固定在十字架上的基督徒被当成火把点燃，照亮了黑夜……身穿驭手服装的人们混在一起，兴奋地观赏着这一奇观。"是谁导演了这惨绝人寰的一幕？正是恺撒大帝的末代子孙、小阿格里庇娜的宝贝儿子尼禄。

尼禄的父亲格涅乌斯·多米提乌斯是一个心狠手辣的官员，夺去了许多无辜百姓的性命，令人深恶痛绝。格涅乌斯·多米提乌斯病故之后，尼禄由母亲一手抚养长大。尼禄在童年时代就已经表现出良好的天分，擅长绘画、雕塑、音乐，能够讲一口流利的希腊语和拉丁语，诗也写得非常流畅，以至于有人认为他有诗人代笔。

也许正因为如此，小阿格里庇娜才全力栽培尼禄，甚至不惜为了他而杀死自己的第二任丈夫。成为皇后之后，小阿格里庇娜更是野心勃勃,希望尼禄能够称帝。她一方面任命自己的亲信布鲁斯为近卫军长官,以除掉政敌和情敌;一方面施展阴谋诡计,迫使克劳狄立尼禄为继承人。克劳狄经不住妻子的劝说,又考虑到尼禄比自己的亲生儿子布里塔尼库斯年长,因此收尼禄为养子——也就是确立了尼禄作为他的合法继承人的地位,并将女儿奥克塔维娅嫁给了尼禄。于是,克劳狄死后,未满17岁、既没有战功又无治国之才的尼禄顺理成章地成了新皇帝。

执政之初,尼禄并不懂政治,但是由于有小阿格里庇娜、布鲁斯和先帝旧臣帕拉斯的共同辅佐,再加上他渴望显示自己的慷慨、仁慈和善良,因此他制定了许多向平民倾斜的政策,比如取消一些苛捐杂税,发明了阻止伪造遗嘱的办法,公开税收记录以防官员贪污,压低粮食价格以便贫民也能吃饱……因此帝国政局比较平稳。

但尼禄这时毕竟还太年轻,对政事不是特别感兴趣。他经常宴享取乐、吹拉弹唱,参加战车比赛,观看角斗士表演,还为文艺、建筑和发明提供赞助。但令人惊讶的是,尼禄即位之后的最初几年,竟然是罗马历史上最繁荣、最兴旺的年代之一。

如果说"面包"和"马戏"这类小恩小惠能够麻醉人民的话,那么尼禄的确曾经用这二者赢得了民心。

然而,也许是因为身体里流淌着罪恶的血液,一旦有人成为他的障碍,他是绝对不会心慈手软的。18岁那年,他就因为担心皇位被夺走,用一种烈性毒药毒死了名义上的弟弟。当年仅14岁的布里塔尼库斯因为喝了毒酒而发出痛苦的呻吟时,尼禄一副若无其事的样子,一边夹菜一边说他只是癫痫病发作了。

随着年龄的增长，尼禄越来越觉得母亲干涉或者说是分享了他的权力。当小阿格里庇娜经常以女王自居时，他终于忍不住了，于是以刺杀皇帝的罪名处死了自己的生母。

小阿格里庇娜死后，尼禄独揽皇权，他那邪恶的欲望也随之膨胀起来。他不再过问政事，整天寻欢作乐，角斗、赛马、演习、歌舞，用惊人的赌注打赌，奢华无度。很快，国库里的财物就全都被挥霍光了。为了筹款继续享受，他也启用了《告密法》，并以叛国罪处死了许多大地主，将他们的财产充公，弄得举国上下人人自危。他还废除了早年制定的《减税法》等有利于平民的法律。

真正令尼禄臭名昭著并摧毁他的，是罗马那场空前的大火。这场大火是公元64年7月17日开始烧起来的，因大风迅速蔓延开来，几乎使整座罗马城陷入了一片火海之中。大火连续烧了7天，烧毁了罗马城14个区中的10个区。无论是贵族还是平民，都遭到了这场大火毫不留情的袭击。

尼禄当时正在外地避暑，他得到消息之后立即返回罗马，开放了所有的公共设施和私人花园，用以安置灾民，还从附近的城镇调集了赈济粮，以保证灾民的食物供应。到这里为止，他的行为并没有什么不妥，但是在随后的灾后重建问题上，他激起了民众前所未有的愤怒。

也许是因为同时考虑到耐火和美观，尼禄进行了合理的城市规划，他不但修建了一座允许市民自由出入的游乐园，还修建了一座新王宫——黄金宫殿。这时，人们不禁传言，那场大火是尼禄派人放的，理由是：他一直想要扩建宫殿，但是皇宫周边都住满了人，很难开工，因此他故意命人纵火烧了罗马城。有些人甚至宣称自己曾经亲眼看见尼禄穿着舞台服装站在高塔上，对着脚下的火海一边弹琴一边高唱"特洛伊的陷落"。

听到这一传言之后，尼禄为了不让传言影响到自己，立即宣称这场灾难是基督徒造成的，并且下令逮捕了他们，命人给他们披上兽皮，让恶狗将他们咬死；或是把他们钉在柱子上，当成火把点燃……这种残忍的行为激起了罗马人民的强烈反对，致使尼禄认为一定有一个专门反对他的阴谋集团存在，因此他陷入了极度的疯狂和恐惧之中，也让整个罗马笼罩在一片阴森恐怖的气息之中。有些人被斩首示众，有些人被勒令自杀，有些人的大动脉被割断，还有一些人的双手被砍了下来……

这些倒行逆施之举，终于激起了全国人民的愤怒，人们奋起反抗，就连罗马的军队和地方官员也纷纷发起暴动，围住皇宫要找尼禄算账。在众叛亲离的境况下，尼禄只好逃出罗马，藏在了一个名叫法恩的家奴家里。在元老院宣布他为罗马公敌之后，他眼见自己大势已去，痛哭流涕地说："一个伟大的艺术家就要死了！"然后将一把匕首刺进了自己的喉咙，结束了他罪恶的一生。

尼禄是第一个压迫基督教的罗马皇帝，也是古罗马乃至欧洲历史上有名的暴君，甚至被人称为"嗜血的尼禄"，他的死结束了克劳狄王朝的统治，也结束了罗马奴隶主阶级独霸统治权的局面，从此军队对罗马政局的影响越来越大。

专制色彩浓厚的《皇帝法》推行人——韦斯帕芗

古代罗马人因为尿液含有氨，将其视为有用之物。他们发现氨是污垢和油脂的天敌，并能清洗衣物甚至美白牙齿。所以和所有有价值的产品一样，尿液也被列为征税对象。罗马皇帝韦斯帕芗对收集自公共厕所的尿液交易征税，因此捞了一大笔钱。但民众普遍厌恶此举，哪怕是罗马的富人。据说，他的儿子提图斯曾经为此责备过他，他却拿起一把银币，让儿子闻闻臭不臭，儿子回答："不臭。"他说："不臭吗？这可是厕所税的税收呢！"

韦斯帕芗的全名是提图斯·弗拉维乌斯·韦斯帕西亚努斯，他出生在萨宾地区一个没落的骑士家庭，公元63年因为屡立战功而出任阿非利加行省总督，卸任之后屈尊贩卖过骡子，后来又跟随尼禄漫游希腊，但是因为经常在尼禄纵情高歌时打瞌睡而被贬逐，在一个偏僻的小镇过上了隐居生活。

公元66年，耶路撒冷的犹太人高举义旗，杀死了总督，尼禄考虑再三，再次起用韦斯帕芗，命他前去镇压起义。这一次镇压遭到了犹太人顽强的抵抗。两年之后，尼禄自杀，罗马陷入一片混乱之中。公元69年，阿非利加行省总督加尔巴、加尔巴的部下奥托、日耳曼行省总督维特里乌斯和韦斯帕芗先后称帝，史称"四帝之年"。但是，在短短一年之内，前3位皇帝都被推翻并死去，韦斯帕芗获得了最后的胜利。同年12月，元老院正式承认韦斯帕芗为罗马皇帝。

韦斯帕芗上任时，罗马帝国已经被内部动荡摧残得满目疮痍，而且各个行省还在不断起义，军队更是胡作非为。韦斯帕芗首先大力整顿军纪，然后重建到处都是瓦砾的都城。他第一个动手清理瓦砾，并用双肩运走了垃圾。为了尽快安抚民心、恢复社会秩序，韦斯帕芗没有拘泥于以往的程序，而是利用抽签法选定了一批特派专员，命他们立即审理那些因内战而中断或堆积的案件。除此之外，韦斯帕芗还设法归还了在战争中被侵占的个人财产，大力整顿了奢侈和淫荡之风，规定债主不得强行逼债等。

考虑到内战造成了大量的人员伤亡，高级官员大幅减少，韦斯帕芗自任监察官，对元老院的贵族和骑士进行了重新登记和审查，清除了其中的腐败分子，并从罗马和各个行省之中遴选出有威望者，用来充实中央机构，使行省贵族得以广泛参政。除此之外，他还慷慨地给那些贫穷的官员分发了津贴，让他们能够恢复并稳固精英阶层应有的尊严。

韦斯帕芗虽然出身卑微，但是他并没有刻意掩饰这一点，而是保持本色，凡是不符合他出身的事情，他一件都没有做。比如，他从不故意避讳一些鄙俗的语言，也从不像尼禄那样追求奢华的生活。

在犹太战争期间，他的妻子去世了，但他一直没有再娶。当然，他毕竟是个正常的男人，也有情人，但对方不是上层人家的小姐，而是他从小就认识的获释奴隶，两个人可谓"青梅竹马"。不过，他现在毕竟已经是皇帝，所以没有娶这个女子为妻，也不允许她干涉他的公务。

他一直像当年从军时一样过着俭朴的生活，而且待人谦和，即便有人侮辱他，他也不会耿耿于怀，更不会伺机报复。也许正因为如此，虽然他废除了面见皇帝之前必须接受搜身的惯例，但是并没有人暗藏武器来刺杀他。

基于韦斯帕芗的这些表现，人们对他的评价还是比较高的，只有一个问题使他曾经受到人们的强烈谴责——征收沉重的税赋。

由于尼禄的大肆挥霍，罗马帝国的国库空空如也。为了让国库充实起来，弥补财政上的巨大赤字，韦斯帕芗可以说是"不择手段"地开拓财源。他毫不犹豫地把官职卖给竞选者，把自由卖给犯人，成倍地提高部分行省的税赋，还恢复了拍卖税，增加了各种服务的收费，甚至连坟场和厕所也得交税，以至于"韦斯帕芗"一词在现代的欧洲各国依然指的是公共厕所，而不是韦斯帕芗这位古罗马皇帝。

韦斯帕芗的这些举措令人侧目，很多人都谴责他是一个"贪财"的皇帝。但是，从别人手中接过一笔笔数目不等的钱之后，韦斯帕芗并没有把这些钱装进自己的荷包，而是把它们分成许多份，让它们去充实更多人的荷包。无论是精英阶层还是平民，都因为韦斯帕芗的"横征暴敛"得以改善生活，都成了"分赃者"。

在荷包渐渐鼓起来之后，谁还会无聊地到处寻衅滋事呢？事实上，也正是这种方法极大地帮助韦斯帕芗稳定了社会秩序。只要能够换来和平，哪怕使出极端的手段，落得个"贪财"的恶名，又有何妨？

除了整顿军事和内政、恢复社会秩序之外，韦斯帕芗还利用这些"不义之财"奖掖各种人才，并首次规定由国库为拉丁文和希腊文修辞学教师支付薪水。他也没有忘记提比略的教训，兴建了一些供人们消遣和娱乐的公共设施，比如保存至今的罗马斗兽场。

公元79年，韦斯帕芗走进了他一生中的第70年，由于上了年纪，他的身体每况愈下，虽然他曾经去故乡泡过温泉，但是丝毫没有效果，于是他又离开故乡，照例处理国家事务，躺在病床上接见外使。6月24日，他好像预感到自己即将离开人世似的，说了一句："皇帝必须站着死去。"同时挣扎着要站起来，可是刚一起身就在搀扶他的人怀里停止了呼吸，他走得没有任何遗憾。

韦斯帕芗在位10年，完成了帝国的所有重建任务，实现了自己在即位时向人们许下的恢复和平的诺言。他即位之初，曾经有议员因为他生在骑士家庭而看不起他，可是在他死的那一刻，元老院的贵族们一时都忘记了他的出身，而是把他神化了，并且遵照他的遗嘱拥立他的儿子提图斯为新皇帝。

第八章

安敦尼王朝时期的五位贤帝

宽厚的第一位君主，开创养子继承制

人类社会非常注重平衡。只有各方力量平衡了，社会才能和谐、安定。在罗马帝国历史上，有一位皇帝——安敦尼王朝的首位皇帝涅尔瓦，也起到了这种平衡作用，他平息了帝国内部的权力纷争，让罗马帝国走上了正常的发展轨道。

公元79年，韦斯帕芗之子提图斯继承皇位，成为弗拉维王朝的第二任皇帝。他登基之后，罗马接二连三地发生天灾人祸。由于长年劳累，他的身体越来越虚弱，在继位的第三年就怀着遗憾离开了人世，皇位由他的弟弟图密善继承。

图密善比提图斯小11岁，是一个相貌俊美的年轻人，他既不像他的父亲也不像他的哥哥，而总是一副贵族打扮，最主要的是他缺乏从政经历和军事经验，认为只有建立完善的防御体系才能保障国家安全，因此提高了足足有110年都没有涨过的士兵薪水，命令他们修建了日耳曼长城。

在执政中后期，图密善残酷地杀害了许多反对他的元老院议员，还迫害了很多基督徒，成了名副其实的"尼禄第二"，招来了民众的反感。公元96年9月18日夜里，图密善遇刺身亡。

图密善被刺杀当天，61岁的元老院议员涅尔瓦继承了皇位。涅尔瓦会不会就是刺杀图密善的主谋？不然他又何以能够成为皇帝？

涅尔瓦年轻时是尼禄的宠臣，曾经与尼禄一起过着荒淫的生活。尼禄倒台之前，他及时倒向了韦斯帕芗一派。在韦斯帕芗父子当政期间，他凭借旧元老院贵族代表的身份担任了一些要职。图密善执政后期，他为了自保，既不支持也不反对图密善，一直保持消极的中立。

而图密善的一些密友——身后有一批元老院议员支持的高级将领或执政官们，却个个对皇位虎视眈眈。据说，为了拔得头筹，他们都参与了刺杀图密善的密谋。可是，当皇帝的宝座近在咫尺时，他们因为担心自己不能平衡各方面的利益而犹豫、退缩了。于是，他们在幕后进行了一桩秘密交易，交易结果是"批准"涅尔瓦按照法定程序继位。

元老院之所以选择了涅尔瓦，主要原因就是他是一个各方面都能接受的人物。首先，他不是图密善的帮凶，而且德高望重，人民对他非常满意；其次，他身世显赫，又在元老院供职多年，与议员们关系都不错，是"自己人"；最后，他已经60多岁，而且没有儿子，只是一个"过渡政权"，帝位很快就会传给别人，这让那些觊觎皇位的高级军官和外省总督都在暗暗估量自己有没有可能成为他的养子……

可以说，涅尔瓦就像"消防员"一样，他的及时出面把大伙儿的担忧和怒火全都压制下去了。只有让他继位，各方面才能相安无事，要是换了别人，一定会立刻令场面失控。

至于涅尔瓦本人，他不得不被动地接受人们的选择，但是他显然喜欢并且也能够胜任皇帝一职。

为了不至于重蹈图密善的覆辙，涅尔瓦决定使用宽厚的政策。即位不久，他就像元老院议员们预料的那样，让元老院和皇帝一起统治帝国。他恢复了元老院的地位和权势，凡是国家大事都与元老院商量，并且保证不会随意杀害议员。对待亲图密善派，涅尔瓦也非常仁慈，而没有对他们赶尽杀绝。

除了照顾贵族们以外，涅尔瓦也没有忘记普通人。他赦免了被图密善流放的人，并归还了他们的财产，减轻了他们对国家的敌意；首创了由国家和富人集资救济贫民的制度；免除了许多税赋，还降低了遗产税；紧缩开支，填补被图密善亏空的国库。

然而，涅尔瓦的过分节俭却引起了军人们的不满。再加上图密善是深受军方爱戴的，而涅尔瓦即位之后并没有彻查图密善是谁杀害的，令军人们怀疑他也参与了密谋，因此留驻首都的近卫军就在公元97年10月包围了皇宫，软禁了涅尔瓦，逼迫他交出凶手，还杀死了他的几个部下。涅尔瓦无力反抗，只好屈服了。经过这件事，涅尔瓦深刻地认识到军权的重要性。

此后不久，涅尔瓦又敏锐地感觉到亲图密善派发出的危险气息，因此他做出了一个出人意料的决定——收日耳曼行省总督图拉真为养子，即确定了图拉真作为他的继承人的地位。事实证明，此举既解决了涅尔瓦军权不足的难题，让那些蠢蠢欲动的家伙死了心，也是对罗马人民有利的选择。

公元98年1月27日，涅尔瓦因病去世，图拉真顺利继位。虽然涅尔瓦在位时间很短，只有1年零4个月，但是他收养有声望者作为帝国继承人的做法被后来的几位皇帝效法了，从而使帝国的中央政权稳定地持续了近百年。

战功赫赫的图拉真

要想成为第一，总要付出比常人多得多的努力。即便是"欧洲历史上最伟大的军事天才"亚历山大大帝，也是先付出了超出常人的努力，才建立了横跨亚、非、欧的亚历山大帝国，成为"征服之王"。为了取得亚历山大大帝那样的成就，涅尔瓦的继承人图拉真也选择了一条艰辛的道路。

图拉真出生于西班牙的伊大利卡，他的父亲是一位高级军官，他在军营中长大，逐渐成长为经验丰富的将领，先后担任过军事护民官、财政官、大法官、执政官等职务。44岁时，他被涅尔瓦收为养子，拥有了皇位继承权。涅尔瓦病逝之后，他登上元首宝座，成为第一个获此殊荣的行省人。

即位之后，图拉真采取了温和的政治手段来改革弊政，以缓和从图密善时期开始就已经存在的各种社会矛盾。他给予元老院以尊贵的社会地位，并把东方各行省的大奴隶主也吸收进了元老院，与议员们保持了良好关系；挑选一些尽职尽责的亲信，任命他们为行省总督，以改善地方行政；减轻人民负担，向破产地主和中小农户发放低息贷款，解决他们的温饱问题；沿袭涅尔瓦的做法，拿出一部分税款抚育贫苦无依的孤儿……

当时罗马的农业已经呈现出衰退之势，为了振兴农业，也为了阻止罗马本土的资金流进行省人民的荷包，图拉真在轻徭薄赋的同时还强行规定，元老院所有人都要拿出1/3的财产在罗马本土购买土地。可惜此举不但收效甚微，还使贵族再次变成了大地主，贫民则缺衣少食。

这时，野心勃勃的图拉真把目光转向了罗马之外的土地，积极进行对外扩张，目的是拿别人的财富来充盈国库，弥补税收的不足，解决国内各项事业欠缺资金的难题——顺便满足一下统治阶级的豪奢之需。

首先被选中的是达基亚王国。该国位于多瑙河下游，公元1世纪末期开始强大起来，越来越令罗马人感到不安。公元101年春天，图拉真集结了20万大军，兵分两路穿越原始森林，直逼达基亚王国都城，遭到了奋力抵抗，损失很大，次年终于击败了达基亚人。达基亚国王德凯巴鲁斯被迫无条件与罗马和谈，但是心里并不愿意成为罗马人的附属品。公元105年，德凯巴鲁斯再次点燃了战火，图拉真调集了12个军团，与达基亚人展开了恶战，将他们逼入了绝境。但是，达基亚人就像当年的迦太基人一样，即便胜利无望也不肯当罗马人的奴隶，宁愿服毒自尽。

当罗马大军终于进入达基亚都城时，城里几乎看不见活人。城里的财富被罗马大军一车车运了出去，然后这座城被夷成了平地，成为罗马的一个新行省——达基亚行省。多瑙河上架起了一座巨大的石桥，多瑙河北岸则成了大批罗马士兵和贫民的新家。这些罗马人的后裔自称是罗马尼亚人，当今的东欧国家罗马尼亚就是由此而来的。

对达基亚的战争，不仅消灭了一个强敌，而且获得了大量土地和巨额财富。图拉真把大批罗马士兵和贫民迁到新土地上屯垦，解决了很多人的生计问题，也稳定了国内局势。利用掠夺来的巨额财富，图拉真在罗马本土、各个行省大力兴建利民工程，比如修路、架桥、垦荒、开沟渠、建浴场等，而且一有空就会骑着马亲自视察工程进度。直到今天，在西班牙、意大利等地依然可以看到这些建筑物的遗迹。掠夺别人虽然残忍，但是用掠夺来的财富为民造福，也是图拉真的一个令人称道之处。

尝到扩张的甜头之后，图拉真又立刻把矛头指向了罗马的劲敌帕提亚帝国。自公元前1世纪中叶以来，两国之间一直战争不断，疆界经常变动。自从公元前53年克拉苏被俘杀之后，罗马的东部边界就被局限在了幼发拉底河以西，这令图拉真非常不满。最主要的是，帕提亚帝国既广袤又富庶，时刻在诱惑着渴望像亚历山大大帝一样征服世界的图拉真。甚至可以说，图拉真在睡梦中都在渴望一口吃掉帕提亚。

公元105年，图拉真派兵占领了东方贸易要道那巴特阿王国，在此设置了阿拉伯行省。公元110年，帕提亚人废黜了拥护罗马的亚美尼亚国王，另立了一个听命于帕提亚人的新国王。图拉真以此为借口，于公元114年派兵占领了亚美尼亚，将其纳入了罗马的版图，随后直逼帕提亚首都泰西封（今伊拉克首都巴格达），完成了克拉苏、安东尼等人的遗愿，把帕提亚人的家园变成了罗马的美索不达米亚省。

公元116年，图拉真又率军沿着底格里斯河一路南下，到达了波斯湾。这是罗马军队第一次也是最后一次去那儿。这时的图拉真已经63岁，再也没有力气东征西讨了。面对大海，图拉真不禁为自己未能实现征服世界的梦想而老泪纵横。不过，在参观了巴比伦城遗址之后，图拉真不禁释然了："声名是什么？不过是一片废墟罢了。"

经过一系列军事扩张，罗马帝国的版图空前扩大，其东部扩展到两河流域，西部覆盖不列颠的大部分地区，南部到达埃及和北非，北部以莱茵河和多瑙河以北的达西亚为边境。

然而，图拉真取得的这些胜利只不过是昙花一现。公元117年，当图拉真在两河流域作战时，犹太人的起义蔓延到了埃及、塞浦路斯等有大量犹太人聚居的地方，形势严峻，图拉真不得不回师镇压起义。由于年老体弱，再加上为这次远征的中断而感到遗憾，他在途经小亚细亚南部的塞利努斯城（今加齐帕萨）时病倒了，不幸客死他乡。

图拉真一生中大部分时间都是在马背上度过的：骑马打仗、骑马视察……在他当政期间，罗马的国力空前强大，经济繁荣昌盛，百姓安居乐业。他去世之后，罗马元老院追赠给他"最佳元首"的称号。除了元老院的赞誉，图拉真也深受军队、人民的爱戴。这不仅仅是因为他功勋卓著，还因为他极富人格魅力。对罗马人来说，图拉真既是优秀的统帅，又是出色的执政官，也是一个善良、宽厚、坚毅的普通人。

为了培养下一代，让罗马帝国更加繁荣昌盛，图拉真仿效并发扬了涅尔瓦的做法，用一部分税款设立了育英基金，专门资助未成年人。

罗马的惯例是男孩17岁、女孩14岁成年。图拉真规定，凡是未成年的孩子，无论是男是女，也无论是正室还是小妾所生，都有权享受国家资助，只是资助数额不同：正室所生的男孩每月16塞斯太尔斯；正室所生的女孩、小妾所生的男孩每月12塞斯太尔斯；小妾所生的女孩每月10塞斯太尔斯。

在现代人看来，资助数额的不同无疑应该受到指责，但是在等级制度森严的古代，能够把女孩——其中还包括小妾所生的女孩儿列入资助范围，已经是社会的一大进步了。

最具艺术家气质的皇帝

蒂沃利古镇坐落在今天的意大利拉齐奥区，位于罗马市以东大约30公里处。这里的游客一直络绎不绝，很多人都想来这里参观这座历史遗迹——经过了近2000年岁月洗礼的哈德良别墅。

哈德良别墅总占地面积约18平方公里，随着地势的高低起伏，分布着浴场、剧场、商业街、人工湖、图书馆、普通住宅和宫殿等，融合了古埃及、希腊、罗马的建筑风格，1999年被列入世界文化遗产名录。与其说它是一个大型的皇家花园，还不如说它是一座城市。

是谁这么奢侈？安敦尼王朝的第三任皇帝哈德良。他建造这么大一个私人别墅，难道就不怕像暴君尼禄那样激起民愤吗？他显然不怕。更令人好奇的是，无论是当时的罗马人，还是后世的意大利人，好像普遍认为：对他这样一位皇帝来说，正需要这样一个宽广的休憩场所。这是为什么呢？

哈德良生于西班牙一个富裕的移民家庭，是图拉真的表侄，很小就失去了双亲，于是图拉真成了他的监护人。图拉真没有孩子，因此他的妻子普洛提娜就把全部的母爱都倾注在了哈德良这个充满英气的养子身上，对哈德良关怀备至。哈德良很早就跟随图拉真四处征战，他不怕苦不怕累，与士兵们一起吃粗糙的食物、喝廉价的酒，而且英勇善战，因此深受士兵爱戴，也深得图拉真的赏识，经常被委以重任，也经常立功。

在图拉真执政的19年里，哈德良先后担任过护民官、执政官、行省总督，在民众之中的威望越来越高。然而，有一天，哈德良突然把一个跟他很亲近的人赶出了罗马，这让图拉真觉得他性格多变、令人捉摸不透，因此图拉真开始犹豫要不要把罗马帝国交给哈德良打理，他也从未明确表态。但是，当图拉真客死异乡时，军队立刻宣布拥立哈德良为新皇帝。皇后普洛提娜也说图拉真有意把皇位传给哈德良，只是没有对外公布而已。也许普洛提娜真的打消了图拉真的疑虑，使图拉真改变了主意，也许普洛提娜只是像军人们一样渴望哈德良成为继承人吧，总之最后哈德良顺利地接手了罗马帝国。

许多士兵和平民得知新皇帝是哈德良,不禁手舞足蹈。但是,元老院的贵族们显然还不愿意给予这个40岁的男人足够的敬重。他们觉得他的地方口音很好笑,还因为他的长胡子而怀疑他是一个"反传统的人"。不过,他很快就让贵族们对他改观了。

虽然经常在外征战,但是哈德良依然在诗歌、数学、建筑和绘画等方面取得了很高的成就,可以说是一位"样样都半精通的天才"。据说,他可以一边进行文学创作一边倾听下属报告,同时还能顾得上与朋友谈笑风生。他的智慧和才华令人折服,再加上他待人谦逊,因此后来连议员们也改变了对他的看法。

在赢得了国民的一致支持之后,哈德良所做的第一件要事就是停止东方的战争,放弃图拉真刚刚征服的领土,把它们还给原来的主人。当时,阿拉伯行省、美索不达米亚行省等地起义不断,哈德良综合考虑了一下罗马的军事实力,认为固守这些地区是一个异常艰巨的任务,才做了这个决定。在其他边界,哈德良也放弃了大规模的进攻,而是着重于防守。

不过,他并没有放弃达基亚,而是用一道"边墙"把多瑙河上游和莱茵河上游连成一片,又在不列颠岛北部修建了一道横贯东西的长城——哈德良长城,以防卫罗马边境。哈德良的防守策略是适合当时的罗马国情的,收到了良好的效果。在很长一段时间里,罗马的边境都没有大的骚乱发生,经济也得以逐渐恢复和发展。

接着,哈德良开始着手进行政治改革。这时的罗马,正处于国家制度官僚化的快速发展阶段,但是受克劳狄重用获释奴隶这一历史遗留问题的影响，在中央机构中占据主导地位的正是获释奴隶，这无疑不符合奴隶主阶级——尤其是中等奴隶主阶层的利益，于是哈德良就规定高级行政职务不得再由获释奴隶担任，取而代之的是骑士。哈德良还取消了财产资格限制，规定只要达到一定年龄，任何人都可以成为骑士。

这么一来，骑士阶级逐渐变成了专门的官僚等级。在选拔文官时，政绩成了首要指标，只要是优秀人才，都有机会在重要部门谋一份差事，同时接受监督。为了协助行政事务，哈德良还改进了邮递网络，此项费用由国家承担。哈德良认为，良好的通信系统是一个国家得以维持的根本。

当然，他也改善了奴隶的待遇，从此以后，无论是哪一个罗马公民，都没有权力像以前一样处死、阉割奴隶，也不得逼迫奴隶去妓院或参加角斗。

无论是士兵、元老、骑士、奴隶还是平民，都因为哈德良的改革而受益。经过一系列的改革，罗马逐步走上了平稳发展的轨道。

在兼顾统治的同时，哈德良也非常注重满足自己的嗜好——建筑和旅行。哈德良跟图拉真一样，完成了一系列的建筑工程。他重建了万神庙，修建了维纳斯女神庙，另一个建筑杰作就是他特意为自己建造的哈德良别墅。哈德良还非常喜欢旅行，当政期间，他的足迹遍布了罗马帝国的所有省份，他好像始终都在跋山涉水。由于他兼具军事、政治等才能，所以他完全可以在满足个人爱好的同时完成自己的政治职责。

在旅行过程中，哈德良的确兼顾了统治。他在各个行省旅行时，给了许多城市自治权，鼓励它们修建神庙、剧场、公共浴室等公共设施，并给予了他们一些资助，从而缩小了行省城市和罗马的差距。除此之外，他还沿袭了图拉真对待行省人民的做法，使行省居民和罗马公民之间的界限逐渐消失。

公元130年，哈德良又改革了立法方式，规定只有元首一个人有权修改和补充罗马法，这意味着罗马行政体制正式从议会制向君主制转变。换句话说，就是法律代表的是皇帝个人的意志。皇权甚至渗透到家庭内部，就连罗马传统的家长权也被它摧毁了。这时的罗马帝国，真正成了地中海世界奴隶主阶层的统治机构。

去以色列旅行时，哈德良想在耶路撒冷城遗址上建一座新城供罗马人居住，还想在耶稣庙遗址上建立朱庇特神庙以同化犹太人，引发了犹太人的大规模起义。哈德良派兵镇压，3年之后战乱才平息，这就是犹太战争。在这次战争中，有58万犹太人被残忍地屠杀。这是哈德良在位时采取的最大规模的军事行动。从此以后，犹太人被迫在世界各地流浪。

在罗马人眼中，哈德良既友善又不失威严，严肃与风趣并存，个人生活节俭，待人慷慨，博学多才，但不故步自封，无疑是一位好皇帝。所以，没有人因为他修建了奢华的哈德良别墅而谴责他，反而认为他应该拥有一切。然而，对犹太人来说，他把自己的观念强加给别的民族，甚至为了推行自己的"文明"采取了种族灭绝的暴行，显然是不人道的。立场不同，对同一个人或同一事物的看法也不同，这就是历史复杂的一面。

让百姓安居乐业的明君

哈德良的继任者安敦尼·庇护,就像有神灵庇护一样,不但一生衣食无忧,而且在位期间可谓"诸事顺利",在他统治时期帝国达到全盛顶峰。因此,五贤帝的统治时期也因他的名字被称为"安敦尼王朝"。

安敦尼·庇护出生在高卢行省的尼马苏斯(今法国加尔省省会尼姆),接受过良好的教育,长得又高又帅,即使在人群中也依然引人注目,而且举止大方、行事稳重,深受人们喜爱。在进入元老院之前,他获得了一大笔遗产,成了罗马少数几个大富翁之一。

公元111年,25岁的安敦尼·庇护当选财务检察官。5年之后,安敦尼·庇护又当选法务官,顺利进入了元老院。生于这一时期又是元老院议员的年轻人,属于帝国的精英,理所当然地要担任"光荣的职务"。公元120年,安敦尼·庇护就当选了执政官,真是意气风发。此后多年,安敦尼·庇护都在"内阁"中任职。由于哈德良长期不在本土,而是经常在各地视察,没有时间管理国家行政,所以他专门安排了一批公职人员来代替自己处理行政事务,这就是安敦尼·庇护在"内阁"的工作。直到50岁时,安敦尼·庇护才走出"内阁",出任亚细亚行省总督。

从安敦尼·庇护的履历可见,他一直都在担任我们现在所说的

"文职",去行省任职也是元老院的人事安排,而且只有一次,任职之地还是帝国内文明程度数一数二的小亚细亚西部。这里没有罗马军团驻扎,就连总督官邸的警卫都是当地士兵。对一个即将肩负整个罗马帝国的安全责任的人来说,没有一点儿军事指挥经验显然是一大缺憾,甚至是隐患。

幸运的是,这时的罗马帝国已经有了多瑙河防线和哈德良长城这两道外部防御工事,法律体系也已经完善,国内统治非常稳固,所以安敦尼·庇护只需要拥有管理国家的才能就可以了。而管理一个稳定的国家,安敦尼·庇护显然可以胜任。在治理亚细亚行省期间,安敦尼·庇护广施善政,让人民的生活越过越好,这一点就是证明。

对于安敦尼·庇护的才能,哈德良应该是非常清楚的,否则他也不会收安敦尼·庇护为养子。于是,公元138年,在哈德良病故之后,安敦尼·庇护就名正言顺地继承了皇位。

即位之初,安敦尼·庇护就让罗马人民感受到什么叫"财大气粗"。他免除了人民欠下的税款,将大量的私人财产搬进国库里,还自掏腰包,给20万罗马城公民(仅限成年男子)和16.8万边防士兵一次性发放了共2760万第纳尔(古罗马银币,1第纳尔可兑换4个塞斯太尔斯)奖金,又买了酒、油、米、麦等分发给平民。奉献出这么多私人财产,安敦尼·庇护并不心疼,因为他不但节俭,而且善于理财。他在位23年,为国库积累了很多财富,到他去世时,国库的结余达27亿塞斯太尔斯。

在登上权力巅峰时,很多人都会对人事进行大幅调整,以整肃旧习，或是扶植自己的势力，但是安敦尼·庇护是一个例外。他追赠哈德良为神，因此被元老院冠名"庇护"（孝顺、慈悲之意）。不但如此，他还认为哈德良善于用人，现有的人事安排不需要进行调整，因此既没有调整元老院的人员构成，也没有撤换近卫军团指挥官。

新皇帝的私生活也没有本质的改变。安敦尼·庇护没有新建豪华别墅，也没有这个必要，因为罗马这时已经有很多皇帝别墅了。他依然像以前一样过着富裕而不奢侈的日子。在位23年，他都生活在罗马，而不像他的养父一样足迹遍布帝国各地。

在内政上，安敦尼·庇护也继承了哈德良的政策。他继续推行哈德良的法律政策，保护奴隶的权益；发展教育，让贫苦儿童也有机会读书，并且扩大了教师和哲学家的特权；委派那些德才兼备的人担任行省总督。除此之外，无论公民提出什么样的愿望，他几乎都批准，还总是"像关心自己一样关爱别人"。

外交方面，安敦尼·庇护主张采取防御政策。当然，虽然他从未上过战场，但是如果有人胆敢侵犯罗马，他也决不示弱。当苏格兰部落骚扰不列颠时，他派兵把边界向北推进了100公里。在本都北岸的希腊城市被袭击时，罗马士兵也及时出现了。许多厌倦了战斗的外邦人，甚至主动派使者来到罗马，请求成为罗马的盟邦。

灾难好像总是不顾人的死活，在安敦尼·庇护当政时也不例外：首都罗马大火让340户人家流离失所、安条克（今土耳其城市安塔基亚）地震、迦太基火灾、罗德岛地震、台伯河洪水泛滥……但是自从提比略确立了罗马式的灾难应对措施之后，罗马人就能够沉着应对各种灾难了。先是国家拨款赈济灾民,接着由军队进行基础设施的恢复或重建,最后是皇帝视受灾情况减免3~5年的税收。安敦尼·庇护照例去做,一切按照他的预期进展得非常顺利。

公元161年,74岁高龄的安敦尼·庇护因胃病倒下,病情一天比一天重。弥留之际,他把皇位传给养子马可·奥勒留,给官员们留下"公正、无私"的为官箴言,然后就安详地离开了人世。得知他的死讯,民众无不沉痛地悼念他。

连一次战场都没有上过的安敦尼·庇护,就这样走完了他顺风顺水的一生。在他当政期间,整个罗马帝国也好像沾了他的好运气似的,不但没有出现过大问题,而且达到了空前的繁荣。英国历史学家爱德华·吉本甚至给出了这样的评价:"这一时期也许是人类历史上唯一一段以幸福、安定为统治宗旨的时代。"

写下《沉思录》的皇帝:马可·奥勒留

如果说安敦尼·庇护这位幸运的皇帝有什么缺点的话,那就是没有继承哈德良的危机意识。在《左传》中,记载着这样一句话:"居安思危,思则有备,有备无患。"它告诫人们,在安乐中要想到可能存在的危险,防患于未然。看似平静的湖面,实际上潜藏着汹涌的暗流,危机在安敦尼·庇护当政时还处于潜伏期而已。

一边旅行一边视察的生活,让哈德良皇帝既深入了解了罗马帝国的情况，也见识了外面的世界，使他充满了危机意识，因此他在帝国边境修筑了坚固的防御工事，使罗马变得像铜墙铁壁一样稳固。安敦尼·庇护上任之后却宣布自己不会像哈德良一样视察帝国各地。他的确做到了，他有过的最远的一次旅行，就是从皇宫到他的别墅。他不但有治理内政之才，而且生逢其时，在他统治期间，罗马一直处于一个充满安定与和平的繁荣时代，即便偶尔有灾难发生，也都被慢慢克服了，帝国的根基依旧稳如磐石，他的确非常幸运。

倒霉的是他的继任者马可·奥勒留。马可·奥勒留刚一即位，罗马帝国维持了20多年的和平就一下子被打破了。在马可·奥勒留当政的19年里，所有的大灾难就像专门在等待他似的，陆续爆发。

马可·奥勒留是西班牙后裔，但是他们一家已经在罗马定居多年，不但富有，而且获得了贵族身份。他幼年丧父，是母亲和祖父把他抚养长大的，因为真诚、坦率的品格而引起了哈德良的注意，因此有机会接受拉丁文、修辞、哲学、法律乃至绘画等方面的特殊教育，而且成绩优异，可谓精英中的精英。

当初哈德良选择继承人时，也深知安敦尼·庇护的短处，更加中意马可·奥勒留，以及自己的养孙卢基乌斯·维鲁斯，不过这时他们俩都还不满20岁，哈德良考虑到安敦尼·庇护言行无可指摘、善于治理国家，而且已经年过五旬，剩下的日子也不多了，因此才把皇位传给了他，并且附带提了一个要求，或者说是条件——安敦尼·庇护要收马可·奥勒留和卢基乌斯·维鲁斯为养子。

马可·奥勒留虽然确有当皇帝之才,然而生不逢时。他刚刚即位,帕提亚人就大举入侵了叙利亚行省和亚美尼亚。奥勒留立即从各地调集军队抵御外敌,任命另一位元首——卢基乌斯·维鲁斯为统帅。"二帝共治"这种情况在罗马还是第一次出现,但这是马可·奥勒留经过慎重思考之后提出来的,为的是避免权力集中到一个人手里,虽然人们都不理解马可·奥勒留的良苦用心,可还是接受了这个条件。卢基乌斯·维鲁斯虽然算不上才能出众,但带兵打仗还是没有问题的。罗马大军连战连捷,不但把帕提亚人赶出了叙利亚行省和亚美尼亚,还攻克了帕提亚首都。公元166年,帕提亚被迫与罗马和谈,随后罗马大军撤出了美索不达米亚平原。

统帅卢基乌斯·维鲁斯班师回朝,受到了罗马人民的热烈欢迎,然而他给罗马人民带回来的不但有胜利的喜讯,还有可怕的瘟疫。瘟疫迅速向帝国各地蔓延,吞噬了很多人,不但影响了兵源的补充,也使得国家财政收入锐减,帝国顿时陷入人员和财政两不继的困境,而这无疑给蛮族入侵提供了可乘之机。

公元168年,多瑙河防线告急。居住在外多瑙河的日耳曼部落大举南下,占领了罗马东北部行省的大片区域。两位元首迅速调集兵力,亲自率军出征。次年,卢基乌斯·维鲁斯病逝,马可·奥勒留独自领军抗敌,最终使日耳曼部落不得不同意缴械投降。为了防止帝国北部边境再次受到侵袭,马可·奥勒留允许那些愿意为罗马服役的部落在那儿定居。从此以后,日耳曼人逐渐成为罗马雇佣军的主要来源,罗马军队蛮族化进程也由此开始。

连年的战争掏空了国库,可怕的瘟疫摧毁了经济,连皇帝的生活都日渐拮据，就更不用说普通民众了。公元 174 年，埃及行省爆发了大规模的农民起义，首府亚历山大里亚险些被起义军占领，幸亏马可·奥勒留及时派兵镇压才稳定了局势。为了从根本上解决问题，马可·奥勒留夙兴夜寐，删掉了民法中不合理的条款，颁布了很多有利于人民的法令，暂时缓解了人民的压力。

此后不久，日耳曼部落再次入侵罗马，马可·奥勒留再次跨到了马背上，统军征讨。自马可·奥勒留即位以来，帝国一直动荡不安，再加上军队内讧，可以说是兵荒马乱、危机四伏，凭他一人之力根本不可能改天换地。他的部下之中，也没有出色的人才。至于他的儿子们，亦皆是泛泛之辈。这是马可·奥勒留一个人的悲哀，也是时代的悲哀。

公元 180 年，马可·奥勒留因为染上瘟疫，在潘诺尼亚行省的文多邦纳（今维也纳）逝世。马可·奥勒留的年轮几乎都是随着战车转动的，他感到疲惫不堪，因此非常渴望隐退，去过一种宁静的乡村生活。现在，他虽然没有实现这个愿意，却获得了永远的解脱。"位于万万人之上"的皇帝，往往缺少甚至没有朋友，但是马可·奥勒留是一个例外，他有很多知心朋友，他经常跟他们一起谈论神灵、人生、欲望、责任、死亡……

也许是他的深刻感触感染了朋友们，因此他们都建议他把自己的想法记录下来。他利用处理国家事务和打仗之间短暂的闲暇时光，写下了自己与心灵的对话，于是现代人的书架上才有了《沉思录》。

虽然他的勤奋工作没能扭转罗马帝国的颓势，但是他的《沉思录》

成了西方历史上感人的哲学名著，因此人们称他为"哲学家皇帝"。

马可·奥勒留一死，由涅尔瓦、图拉真、哈德良、安敦尼·庇护、马可·奥勒留这5位贤帝创下的近百年的黄金时代也随之结束。从此，罗马帝国由极盛走向衰落，进入"三世纪危机"时代。

第九章

瘫痪的帝国：从内部开始腐朽

"三世纪危机"拉开序幕

马可·奥勒留去世之后,他的儿子康茂德继位。康茂德生性懦弱、才智平庸,刚即位就与日耳曼人和谈了,以致帝国北部的防线被突破,为后来的蛮族大举入侵开了方便之门。不但如此,他还非常残暴,动不动就逮捕帝国的高层官员,未经审判就把他们处死,也从不关心民众疾苦,只热衷于角斗士比赛等血腥的娱乐活动。几乎可以说,他在位期间从未做过一件皇帝应该做的事,倒是把父亲留下的财产都败光了。

公元192年的最后一天,康茂德走出竞技场,准备回皇宫好好洗个澡,结果被他的情妇和近卫军长官派去的摔跤手勒死在浴室里。元老院不但没有追查他的死因,还判处了他记录抹杀刑。

所谓记录抹杀刑,按字面意思理解就是"将记录某人功绩的雕像、货币、文字等全部销毁、抹去或改写,将他从人们的记忆中抹掉",好像他从未存在过似的。适用对象主要是叛国者或败坏罗马帝国名声的上层人,对当事人来说是一种莫大的耻辱。

康茂德死后,涅尔瓦-安敦尼王朝随之终结,罗马帝国再次陷入内乱之中。在此后的4年里,无论是元老院议员世家出身,还是皇亲国戚身份，都不再起决定作用，一切都得靠武力和智慧说话，胜者为王败者寇！

罗马的各大军团——他们曾经都是罗马帝国的守护者——为了夺取皇位展开了激战，士兵们各自拥立自己的统帅，先后有柏提那克斯、狄第乌斯·尤利安、塞普提米乌斯·塞维鲁、培辛尼乌斯·尼格以及克劳狄·亚尔比努斯这5名军官被推举为帝，可是由于力量不足等原因，只有塞维鲁取得了最后的胜利，其他人都兵败身死。军官与军官之间的对决就是这么残酷，有实力才好说话，实力稍逊的一方连全身而退的机会都没有。

塞维鲁出生在阿非利加行省一个骑士家庭，他的军队能征善战，帮助他夺得了皇位，因此他把忠诚视为统治的基础，刚即位就把堕落腐化、专横跋扈的近卫军换成了自己的亲信。为了壮大实力，他还大肆在各个行省扩军，使罗马的军队达到了前所未有的规模。为了笼络军队，他几乎把军饷提高了一倍。

也正因为是军官出身，习惯了发号施令，所以他本人其实也像杀死了康茂德的那批近卫军一样专横跋扈。他根本不把元老院放在眼里，把担任重要职务的议员都撤了下来，让那些没有文化的骑士顶替了他们。为了排除异己，他果断处死了那些曾经向他提出过反对意见的议员。

除此之外，他还将皇权提高到至高无上的地位，甚至把整个罗马帝国都当成了他的私有财产，认为所有罗马人的命运都由他主宰。当然，他也并非完全不考虑民众，比如在铺设街道等公共事业上投入了很大精力。不过，与民生相比，塞维鲁显然认为衣锦还乡、光耀门楣更加重要。公元204年，塞维鲁回到故乡莱波蒂斯，修建了壮观的塞维鲁拱门、猎人浴场、竞技场、人工港口、市场、私人别墅等建筑，把那里变成了罗马帝国最漂亮的城市之一。得益于发达的海上交通，莱波蒂斯还成为阿非利加行省最重要的橄榄油产品集散中心之一，以及最大的小麦交易市场。

公元205年，塞维鲁离开了故乡，回到了罗马。公元208年，塞维鲁带着妻儿远征不列颠。次年春天，罗马军越过哈德良长城，一路向北进攻，此后没有取得太大进展。公元211年2月4日，64岁的塞维鲁在英格兰东北部的约克病逝。弥留之际，他给两个儿子留下了这样的遗言："你们兄弟要和睦相处，要互相为对方着想……让士兵们发财，其他的都是次要的……"随后他又自言自语地说："我这一生担任了所有的要职，自认为是勤勉称职的，可现在回想起来，好像一切都是徒劳的……"

的确，是士兵们给了塞维鲁一切，所以塞维鲁临死时还一心想着他们，但这种不健全的统治注定是难以长久存活的。正因为塞维鲁事事都以军人为先，才导致帝国的财政状况不断恶化，不但民众的生活难以为继，士兵们也不可能一直领取高军饷，而这一点无疑会引起士兵们的不满，早晚会出乱子。

塞维鲁死后，他的儿子卡拉卡拉和盖塔共同继承了皇位。可是，卡拉卡拉并不满足于此，为了独揽大权，在父亲去世刚满一年时，他就杀死了性情温厚的盖塔及其妻子、岳父、支持者，并让元老院对盖塔判处记录抹杀刑。

可能是为了增加税收，以便继续推行塞维鲁优待军队的政策，卡拉卡拉给罗马帝国境内的所有自由民授予了罗马公民身份。除此之外，卡拉卡拉也非常注重享受生活，他下令建造了一座庞大的公共浴场。这座浴场于公元216年对外开放，可供2000人同时沐浴，其中还包括装饰华丽的私人包间，其遗址保存至今，人称卡拉卡拉浴场。

公元217年，卡拉卡拉率军征讨帕提亚人，途中却极具讽刺意味地也被近卫军杀死，随后近卫军长官马克里努斯自立为帝。

马克里努斯为了早早结束战争，接受了帕提亚人提出的苛刻条件。除此之外，他还缩减了军费，引发了士兵的不满。公元218年，他在塞维鲁的妻妹米萨发动的一场叛乱中被杀，他的位子由米萨年仅13岁的孙子埃尔伽路斯继承，但掌握实权的则是米萨。

公元222年，米萨杀死荒淫无度的埃尔伽路斯，将她的外孙亚历山大·塞维鲁推上了皇位，但是并未放弃权力。两年之后，米萨去世，亚历山大·塞维鲁依然没能取得实权，他得听命于他的母亲莫米娅。

为了稳定政局，亚历山大·塞维鲁努力改善与元老院的关系，避免对外战争。然而这时，波斯帝国却乘虚而入。波斯原本是帕提亚帝国的一个属国，它于公元220年征服了帕提亚，在帕提亚建立了波斯帝国。亚历山大·塞维鲁率军抵抗，双方终因资源耗尽而停止战斗。

公元233年，驻守在莱茵河和多瑙河防线上的罗马军团撤离，日耳曼人乘机占领罗马的土地、摧毁罗马的公共设施，莫米娅和亚历山大·塞维鲁不得不再次亲征。莫米娅政权的最大弱点，就是没有自己的军事力量，必须依靠近卫军。而凡事听命于母亲、缺乏男子气概的亚历山大·塞维鲁显然让士兵们看不起，缺乏作战经验的莫米娅也缺乏权威，再加上财政拮据，莫米娅又降低了军饷，士兵们对此非常不满。公元235年，士兵哗变，莫米娅和亚历山大·塞维鲁被杀，短命的塞维鲁王朝随之结束。

塞维鲁王朝因军人而兴起，也因军人而终结，令人不得不感叹世事难料。从此，"三世纪危机"拉开序幕，罗马帝国开始陷入长期的混战之中。

奴隶制经济崩溃，军队纵兵殃民

当一个时代兴起时，人民的生活也会随之好起来；而当它土崩瓦解时，大部分人也会跟着遭殃，几乎无一例外。换句话说，当人们的生活普遍变得艰难时，往往也意味着那个时代正在衰落，这一点正是塞维鲁王朝覆灭的根本原因。

亚历山大·塞维鲁被近卫军所杀，决不单纯是因为降低了军饷，其背后还潜藏着深刻的社会危机——生产力和生产关系之间不可调和的矛盾，到了公元3世纪，这个危机暴露无遗，同时也标志着罗马帝国已经由盛转衰。

经济基础决定上层建筑。罗马帝国以农业立国，因此其盛衰跟农业的兴衰具有密切的关系。早在帝国繁荣时期，罗马的农业就已经出现衰败的征兆。当时,葡萄园主和橄榄园主等奴隶主经常入不敷出,只好转而经营牧场,因此生产力急剧下降。早在涅尔瓦·安敦尼王朝初期,涅尔瓦为了遏制农业的衰落,就已经采取购买土地分给无地农民等措施。图拉真执政时,也强迫元老院议员必须拥有种植园……然而这些措施都收效甚微。公元3世纪,农业危机由罗马本土蔓延到各个行省,帝国的农业开始全面衰退。

有些奴隶主为了维持曾经的繁荣,加重了对奴隶的压迫和剥削,致使奴隶大量死亡,不断有奴隶逃跑或暴动。即便是勉强留下的奴隶,也失去了劳动积极性。

此外,连年的战争也耗费了大量的财富,使得罗马帝国已经无力继续大规模向外扩张,因此奴隶的来源大幅减少,价格也越来越高,使用奴隶种植庄园越来越无利可图,许多奴隶主只好把大片的种植园分成一小块一小块的土地,分租给奴隶耕种,或者干脆让田地荒芜。这无疑也给奴隶制经济带来了沉重的打击,奴隶制经济日益萎缩。

不但如此,奴隶制还加剧了贫富分化,使自由人开始鄙视劳动,他们宁可去当流浪汉,也不愿意继续守着薄田度日。公元1世纪时,罗马的流浪者约有20万~30万人,到公元3世纪时,流浪者的人数已经翻番。这些人整天游手好闲,总想着不劳而获,完全靠社会养活,甚至还提出了"面包+竞技场"的时髦口号,无异于寄生在奴隶制社会肌体上的一颗毒瘤。

由于罗马帝国长期以来都主要依靠向行省征税或对外扩张来维持,并没有重点发展自己的手工业,以至于罗马本土的手工业也每况愈下，难以为继。手工业的衰退，使得罗马帝国的商业也一片萧条。

帝国政府的横征暴敛、荒淫腐朽，更是令衰退的奴隶制经济雪上加霜，加剧了"三世纪危机"的进程。

从公元前2世纪罗马确立了海外霸权开始，罗马人就因为大量海外财富的冲击逐渐失去了罗马人的传统美德，开始崇尚享受，整个帝国充满了贪污和挥霍无度等堕落景象。据统计，公元1世纪时，罗马帝国一年的节日有66天，在节日期间，会举办各种庆典或奴隶角斗、斗兽、戏剧、马车比赛等娱乐活动，所有开支都由国家负担。到公元2世纪，每年的节假日天数增加到123天。这些"只出不进"的活动，都需要巨大的开支，直接加剧了财政危机。

在经济衰退的情况下，帝国政府原本应该缩减开支，可是那些无道的统治者却丝毫没有危机意识，反而为了维持自己不断膨胀的欲望，采取了竭泽而渔的政策。他们不但把沉重的赋税加在了百姓的肩头，还强迫各个城市的森都里亚大会必须征收到一定数额的税款，如果有哪个城市完不成任务，该城市的议员就得设法补足差额。在此之前，担任议员还被视为一种荣耀，可是现在连议员也变成了政府压榨的对象，许多议员甚至因此而倾家荡产。为了逃避重负，议员们纷纷释放了家奴，卖掉了自己的土地，有的索性弃地而逃。如此一来，城市也逐渐没落了，城市议员不再是帝国的支柱。

为了支付巨额的开支，罗马帝国政府还发行了劣质货币，致使货币贬值，物价上涨，再次出现了物物交换这种原始的交易形式，货币经济陷入崩溃的边缘。

经济和财政上的危机带来的直接后果，就是政治危机。拥有一定实力的军队开始干政，元首成了军人的傀儡，帝国政府瘫痪。各个军团为了争夺实权，经常混战。在塞维鲁王朝覆灭之后的50年里，各个军团围绕着利益，先后把大约22位军官推上帝位，再把他们一个个地推翻。于是，军官们就像走马灯似的轮流上台执政，然后或病死，或战死，或被谋杀，或被迫自杀。

仅仅在公元238年这一年里，就有4位皇帝丢了性命。在此后的15年里，又换了10位皇帝。在公元253—268年，除了有正统之名的皇帝之外，还有三四十位割地称王的军阀。这种血腥的权力循环，导致整个罗马帝国危机重重，使维持了200多年的元首制走向解体。

残酷的经济剥削和军阀混战使下层人民陷入水深火热之中，迫使他们纷纷揭竿而起，烽火遍及罗马帝国各地。

而政府瘫痪、军阀割据和人民起义无疑又为蛮族入侵提供了大好时机，大批的日耳曼人突破防线，进入了罗马帝国境内。公元268年，军人出身的克劳狄二世即位，他和此后的3位皇帝都是伊利里亚行省人，因此人们统称他们为"伊利里亚诸帝"。他们联合贵族镇压人民起义，还雇用了大量的蛮族人，利用他们阻止了蛮族的入侵，使四分五裂的帝国重新统一。

但是，这种"以蛮制蛮"的方法同时也使蛮族部落开始以军事移民的方式大规模地迁移到罗马帝国边境，甚至深入罗马帝国本土，加深了罗马军队的蛮族化，为日后蛮族推翻罗马人的统治埋下了隐患。

公元284年，军官戴克里先打败了另一位军人出身的皇帝，结束了军阀混战的现象，成为罗马帝国唯一的统治者。这虽然使持续50年的危机终于宣告终结，但就像久病初愈之人往往难以恢复以前的健康一样，"九死一生"的罗马帝国也很难再像以前一样辉煌。

难以承受的赋税之重

"租税空前地提高了，收税者比纳税人还多，以致破产的隶农纷纷抛弃了土地，任由耕地上长满杂草……"这是公元4世纪的一位基督教作家对罗马帝国公元3世纪初期的状况所做的描述，看起来有些夸张，但是足以说明罗马帝国当时的赋税之重。

戴克里先刚刚即位，就面临日耳曼部落、波斯人以及高卢盗贼团伙等强敌。除此之外，罗马帝国内部也百废待兴。戴克里先知道，单凭他一个人的力量是无法兼顾这些问题的，因此他做出了一个常人难以做到的决定——与他人分享刚刚到手的最高统治权。随后，他仿效马可·奥勒留"二帝共治"的做法，把罗马帝国西部的事务交给了部下马克西米安全权处理，他自己则专心处理帝国东部的事务。当然，戴克里先这么做纯粹是为了方便管理罗马帝国，并没有将它分成东、西两块之意。

马克西米安出生在伊利里亚行省西米乌姆地区的一个农民家庭，不但举止鲁莽，而且不识字，但绝对是一位骁勇善战的将才，能够完成最艰巨的军事行动，而且善于服从命令。除此之外，他和戴克里先早在发迹之前就已经是好朋友，因此戴克里先才放心地把半个国家都交给他来打理。

有马克西米安分担军务和政务，戴克里先取得了很大的成就。在六七年内，他就成功地阻止了日耳曼人南下的脚步，把他们拦在了多瑙河和莱茵河对岸；击退了进犯叙利亚的波斯大军；剿灭了高卢盗贼；打败了国内的政敌……这一系列的成就，帮助戴克里先暂时稳住了帝位。由此看来，"二帝共治"的确是有好处的。

帝位稳固之后，戴克里先就开始着手进行改革，以防帝国再度陷入无政府状态。他彻底剥去了共和制的外衣，不再自称元首或第一公民，而是将皇帝设定为最高君主。在此以前，从字面上看，皇帝与平民的地位还是平等的，但现在戴克里先规定，人们在觐见皇帝时必须行跪拜吻袍之礼，不可直视皇帝，明确了皇帝与臣子是君臣关系、主仆关系。除此之外，君主发布法令也不必再经元老院批准，所有与共和制有关的官职都变成了荣誉称号。从此，罗马帝国正式进入"君主制"时代。

为了复兴罗马帝国，戴克里先还创立了一个更加缜密的政治体制——四帝共治，即在帝国的东、西部各设置一正一副两位皇帝，由4位皇帝分担帝国的防卫任务，授予两位正帝"奥古斯都"的头衔、两位副帝"恺撒"的头衔，并规定：正帝退休或死亡时，其皇位由副帝继承，继位的正帝再任命新的副帝。

公元293年，戴克里先正式推行了这一政治制度，他任命自己为东部帝国的"奥古斯都"，马克西米安为西部帝国的"奥古斯都",正式把罗马帝国的最高统治权一分为二。随后,戴克里先指定伽列里乌斯为东部帝国的"恺撒",君士坦提乌斯·克洛鲁斯为西部帝国的"恺撒"。这4位皇帝各自统治着罗马帝国1/4的领土。其中,戴克里先以"多米努斯"(意为主人)这一头衔拥有最高权力。不过,他们都没有选择罗马城作为都城,这种情况在罗马帝国还是第一次出现。

在四帝共治时期,蛮族再也不能像以前一样在罗马帝国腹地烧杀抢掠。这无疑要归功于四帝共治制,但四帝共治制并不是完美的,它也存在很大的弊端,用它来换取和平,注定要付出巨大的代价。

出于公务需要,罗马帝国新建了4个庞大的朝廷,导致公职人员成倍地增加。为了供养他们,民众不得不省出更多的口粮。只要有一位皇帝有私心,一味地追求排场和享受,人民的负担就会以不可预知的倍数增加。而在有机会谋取个人利益时,谁又能保证任何人都没有私心呢?于是,一时之间,高级官员、一般官员、士兵这些仰赖国库生存的人急剧增加。

面对这一僵局,戴克里先不得不改革财政制度。他把帝国的领土划分成若干税区,规定除了官吏、老兵、无产者和奴隶之外,所有人都必须缴纳人头税等税赋,大大地增加了税额,以至于收税者的数目也随之大大增加,甚至超过了纳税人,导致破产的隶农不得不抛弃土地,使得流浪者大军的人数激增。

除了财政改革之外,戴克里先也实行了货币和物价改革、军事改革、行省制度改革和宗教改革等政策,可是都以失败告终,不但不能挽救奴隶制衰落的命运，反而加剧了社会矛盾。

由于长年操劳国事，戴克里先的身体越来越衰弱，公元305年5月1日，他和马克西米安同时宣布退位，伽列里乌斯和君士坦提乌斯·克洛鲁斯升任正帝。这一年戴克里先55岁，主动放弃权力之后，他隐居到亚得里亚海沿岸的一座宫殿里，把大部分时间都花在了建筑、种植和培育花草等活动上。

戴克里先退隐之后，四帝共治制很快就由内部崩溃。这时的罗马帝国，名义上分为4个部分，实际上已经分裂，罗马帝国再次陷入内乱之中。马克西米安曾经请戴克里先复出，可这时戴克里先冷静地回答："阁下，如果你能看到我亲手种的卷心菜，你就不会再提出这种要求了。"

也许是因为无力扭转罗马帝国的颓势，也许是因为其他令人心碎的原因，戴克里先最终自杀身亡。他死后不久，罗马西部帝国只持续大约两个世纪就覆灭了，而经由戴克里先亲自改革的东部帝国却持续了1000多年。

戴克里先登基之后，除了确立君主制之外，还改变了罗马皇帝一直以来的外部形象。

在此以前，罗马皇帝头上戴的大多是用橡树叶和月桂树叶编织而成的"公民冠"，有时脑门后面还能看见连接树叶用的缎带打成的结，但是自从戴克里先即位之后，罗马皇帝头上的"公民冠"就变成曾经饱受罗马人鄙视的皇冠。这种皇冠虽然保持了橡树和月桂树叶的外形，但是材质是金的或银的，上面还镶嵌着宝石等饰物。

除此之外，皇帝的穿着也随之变得越来越气派，而不再像以前那样"寒酸"。除了参加祭典之外,皇帝再也不必像普通公民一样穿白色的托加了。日常生活中,或是处理政务时,他们通常穿染成紫色或红色、上面绣有金银丝图案或镶着珠宝的托加。

这些外在装扮的改变,与其说显示了戴克里先崇尚奢华,不如说他是想拉开君臣之间的距离,以显示自己是尊贵无比、高人一等的。

基督教法定地位的确立

"人类的祖先亚当和夏娃偷吃禁果,是人类一切罪恶的根源。人是带着这一'原罪'来到这个世界上的,除此之外,人还违背了上帝的意愿,犯下了种种'本罪',人不能拯救自己,只能依靠耶稣基督的救赎……"这就是西方人熟悉的基督教的教义之一——信原罪。基督教对西方人的心理产生了深远的影响,虽然基督教是耶稣在公元1世纪创立的,但是真正令它发扬光大的是罗马帝国皇帝君士坦丁大帝。

君士坦丁大帝是罗马东部帝国正帝君士坦提乌斯·克洛鲁斯的第二个儿子。公元306年7月,在不列颠抵御北方蛮族的君士坦提乌斯·克洛鲁斯突发疾病而亡。他一去世,君士坦丁大帝就宣布继承父亲的正帝之位,"四帝共治制"正式崩溃。很快,罗马帝国就出现了6位皇帝,再次陷入混乱和内战之中。

公元 313 年，君士坦丁大帝和西部帝国的奥古斯都李锡尼分别胜出，形成了两帝并立的局面。同年 6 月，出于共同利益考虑，君士坦丁大帝和李锡尼颁布了"米兰赦令"，宣布停止对基督教的迫害，给予了基督教各种不同的特权和税收豁免权，规定星期天为礼拜日，还归还了先前没收的基督教教会的财产。从此，基督教在罗马的地位开始合法化。

在此以前，基督教这个一神论宗教始终得不到罗马人的认可。在暴君尼禄、"尼禄第二"提图斯和戴克里先当政时，基督徒都受到了残酷的迫害，但也许是战乱让人们失去了现实中的依托，人们迫切需要一种能够使自己"不致灭亡，反得永生"的神，以支撑自己继续活下去，因此罗马的诸位皇帝对基督教的迫害非但没有影响它的传播，反而使它流传更广、影响更深。

君士坦丁大帝也信奉基督教。这不禁令人生疑：他可是罗马帝国这个多神教国家的皇帝，为什么如此推崇排他的基督教，难道他也像普通人一样渴望获得"永生"吗？这一点的确是原因之一，但是事情远远不止这么简单。

君士坦丁大帝深知，要想让罗马帝国维持下去，关键是稳定政局，但是对他来说，无论是政局的稳定还是帝国的利益，都比不上家族的存续，因此他并没有在帝国边境重点布防，而是注重强化他个人的兵力。

随着基督教的流传越来越广泛，君士坦丁大帝敏锐地发觉了宗教的作用。他认为，如果把赋予君主至高无上的权力的主体由"人"变成"神"，那么所有的问题都解决了。只要买通基督教的神职人员，通过他们传达"神意"，使人们相信皇帝的统治是"神"的旨意，他就可以毫无顾忌地指定继承人，以便延续自己家族的统治了。即便他指定的继承人既无德又无才，他也不需要像历代的罗马皇帝一样为寻找一个恰当的理由而绞尽脑汁了。因此，他公开承认了基督教，并成功取得了基督教主教阶级的支持。

虽然君士坦丁大帝并非有意使基督教成为正式的国教，但是他制订的一些法律和基督教优先的政策都有力地促进了基督教的发展。像保存至今的伯利恒圣诞教堂、耶路撒冷圣墓教堂等几所著名的教堂，都是在君士坦丁大帝统治期间建成的。很显然，在他统治期间，如果有谁想要谋取高官显位，改信基督教无疑是一条捷径。

公元323年，怀着统一帝国野心的君士坦丁大帝进犯并击败了李锡尼，成为唯一的正帝，罗马帝国再次统一。

有很多人认为，戴克里先结束了"三世纪危机"，重新统一了罗马帝国；君士坦丁大帝结束了多帝共治的局面，也使罗马帝国获得了重生。如果没有这两个人，也许罗马帝国在3世纪末时就解体了。但是，无论是戴克里先还是君士坦丁大帝，都没能让罗马帝国回到从前，他们只是在名义上维持了罗马帝国，事实上，在他们的统治之下，罗马帝国已经逐步丧失罗马特质，变成了另一个帝国。

为了从政治上摆脱罗马各大旧势力的制约，也为了便于从地域上统治整个国家，君士坦丁大帝于公元330年将罗马帝国的首都从罗马迁至拜占庭（今土耳其伊斯坦布尔市）。拜占庭位于黑海与爱琴海之间，是连接欧亚大陆的要冲，随着罗马帝国不断扩大疆域，拜占庭的位置也变得越来越重要，但是此前一直没有人重视它。君士坦丁大帝迁都拜占庭之后，将其改名为新罗马，并进行了大规模的扩建，使其成为当时世界上最大的城市之一，因此人们也称其为君士坦丁堡。

公元337年5月22日，君士坦丁大帝去世，他的3个儿子和2个侄子分治帝国，帝国再度分裂。为了争夺权力，5位皇帝展开了激烈的争夺。

在5位皇帝之中，君士坦丁一世的次子君士坦提乌斯二世的权力欲望最强，他一即位就迫不及待地杀害了自己的两位堂兄弟，与两位亲兄弟君士坦丁二世、君士坦斯一世共同执政。然而，他们兄弟3人共同执政还不到3年，兄弟相残的戏码就再次上演。公元340年，君士坦丁二世入侵君士坦斯一世的统治范围，兵败被杀，5位皇帝只剩下2位了。

为了巩固自己的权力，君士坦提乌斯二世修改了君士坦丁大帝制定的免税政策，扩大了免税对象。于是，原本只有主教、祭司、执事才享有的免税特权，现在扩大到为教会提供服务的农场、工厂甚至商店的工作人员。除此之外，他还承认了神职人员拥有私人财产的权利。这么一来，财产的持有者只要是神职人员，就能享受到免税的特权，而这对那些富有的人来说无疑是一个天大的福音。人是一种奇怪的动物，拥有的财产越多，对财产的渴望就越强烈，有了这条免税政策，那些富有的人再也不用担心还要把兜里的钱掏出一部分给别人了。

也许正因为这项改革，君士坦提乌斯二世才赢得了更加广泛的支持。公元350年，君士坦斯一世被部下所杀。公元353年，君士坦提乌斯二世为弟弟报了仇,成为罗马帝国唯一的奥古斯都,罗马帝国又一次统一。

君士坦提乌斯二世和他的父亲君士坦丁大帝能够取得最后的胜利,"君权神授"的统治理念无疑功不可没。虽然君士坦丁大帝信奉基督教的原因众说纷纭,有的人甚至怀疑他是否真正信奉过基督教,但是有一点是可以肯定的,那就是他能够把个人信仰与民众的需要相结合,顺应了民意。

自古以来,因势利导、顺应民意都是成功统治民众的一条既简单又有效的方法,只可惜历代的许多统治者都未能真正领会其中的精髓,只知用"君权神授"来麻痹人民,巩固自己的统治。

转瞬即逝的曙光:尤利安远征波斯

公元360年2月的一天,在罗马帝国的高卢行省,一位29岁的青年军官像往常一样出现在士兵们面前,冷不防被他们抱到了早已准备好的盾牌上。士兵们一边抬着青年军官游行,一边高呼:"尤利安·奥古斯都!尤利安·奥古斯都……"呼喊声传遍了各个角落,随后其他士兵也发出了同样的呼喊声。用盾牌举着自己的将领游行,是高卢人的习俗,表示了他们对将领的尊敬和热爱。尤里安是第一位如此受蛮族人欢迎的罗马将领,如果他顺从了士兵们的心意,就意味着他要造反,他该如何选择呢?

尤利安是罗马西部帝国皇帝君士坦提乌斯·克洛鲁斯的孙子，他的父亲与君士坦丁大帝是同父异母的兄弟，君士坦丁大帝死后，皇室诸子都想继承皇位，最后君士坦提乌斯二世胜出，其他皇室成员几乎都死于非命。当时，尤利安和他的哥哥加卢斯都还年幼，因此侥幸存活，但是被流放到小亚细亚山区，由基督教主教乔治严格看管，实际上过着被囚禁的生活。

君士坦提乌斯二世在权力越来越大之后，就像戴克里先一样，也觉得需要有人帮助他打理政务，于是他选中了加卢斯。公元351年，在度过9个年头的流放生活之后，尤利安终于和哥哥一起回到了罗马。加卢斯被君士坦提乌斯二世授予"恺撒"的头衔，负责管理帝国东方，可是3年之后就因阴谋暗杀皇帝的罪名被处决，尤利安则被关进了大牢。

就在这时，波斯人占领了罗马帝国东部的美索不达米亚行省，君士坦提乌斯二世急需一个亲人帮忙打理帝国西部的事务，因此把妹妹海伦娜嫁给了尤利安，并授予尤利安"西方的恺撒"头衔，派他前往莱茵河前线平定高卢地区的日耳曼人暴乱。虽然缺乏兵力和资金，可尤利安还是成功地稳定了高卢地区的局势，并减轻了当地的赋税，使高卢地区出现了久违的和平。

自从公元342年被流放，尤利安就一直过着囚徒的生活。后来，虽然哥哥加卢斯成为副帝，尤利安也跟着得到了自由，但是他并没有带兵打仗的机会，而是一心钻研哲学。可正是这样一个年轻人，居然做出了这么大的成就，不能不令人惊讶。

也许正因为尤利安才华出众，所以君士坦提乌斯二世才开始防备尤利安吧！公元360年2月，君士坦提乌斯二世以东方的战争不利为由，命令尤利安把他手下的高卢部队送去东方战场抵御波斯大军，令尤利安深感不安。当初加卢斯就是先被夺去兵权，再被处决的。如今君士坦提乌斯二世这样对待尤利安，也难免令尤利安担心自己会重蹈哥哥的覆辙。高卢士兵既不愿意离开自己的"根据地"到陌生的地方作战，也不愿意离开与他们并肩战斗了4年之久的尤利安，于是一致拥立尤利安为帝。

消息传来，君士坦提乌斯二世震怒不已，正准备挥师讨伐尤利安，却突然病倒了。公元361年，君士坦提乌斯二世病逝，他在遗嘱中把皇位传给了尤利安。

尤利安即位之后，立刻减少了各项不必要的宫廷开支，遣散了宫廷里数以千计的仆人等闲杂人员，过着节俭的生活。在高卢时，海伦娜难产而死，但是尤利安没有再娶。尤其值得注意的是，虽然尤利安是罗马人，但也许是因为他7岁时就开始接受神学家优西比乌斯的教育，崇尚希腊精神，所以他经常一副希腊式装扮：留着一撮小胡子、穿希腊式长袍。

不但如此，尤利安还宣布宗教信仰自由，意欲改变唯基督教独尊的情况。当时，基督教教派繁多，一旦哪一派得势，就宣布其他派为异教，并极力迫害其他派，致使许多基督徒都被免除教职、流放甚至杀害。

为了改善经济状况，尤利安进行了财政和税收制度改革。在政治方面，尤利安从平民中选拔了一些人才作为中层管理者，为帝国的中间阶层注入了新鲜血液。在军事方面，尤利安改进了军队的管理和训练，以提高官兵的战斗力……

这些改革对罗马帝国来说无疑是有利的。可是，由于基督教已经深入人心，因此尤利安恢复多神教的尝试并没有取得太大效果。虽然他在位时间很短，可是在基督教的历史之中，他却落了个"背教者"的恶名。再加上罗马帝国在敌人眼里一天比一天软弱，对罗马人民来说则一天比一天可恶，所以他所推行的改革遭到了很多既得利益者的反对。

即便如此，尤利安也没有退缩，他更加勤勉了。公元363年，尤利安亲自率领6万精兵和强大的舰队，征讨波斯帝国，以解决两国100多年以来都没有解决的权力争斗。战争开始后，尤利安连战连捷，占领了很多地方，直逼波斯帝国都城泰西封——这是罗马帝国远征波斯时取得的最高成就。波斯王萨普尔派使者求和，被尤利安拒绝了，于是萨普尔选择了以守为攻，避免与罗马军决战。罗马军缺乏围攻大城的能力，尤利安为了避免受制于敌方，选择了向波斯内陆挺进。

不过，由于罗马大军的补给难以为继，又中了敌军的苦肉计，被引进荒无人烟的旷野之中，士气低落，所以尤利安只好率军撤出波斯帝国。在罗马大军撤退时，波斯王萨普尔亲自率精锐骑兵追了上来，想要洗刷首都被围之耻。在混战中，尤利安中枪身亡。

尤利安临终时并没有指定继承人，他一过世，将领们就立刻召开会议，商讨继位人选。与会人员分成了两派，一派是君士坦提乌斯二世时代的人马，另一派是尤利安提拔的官员，两派势力相当，谁也不能说服对方，会议陷入了僵局。而一旦出现这种情况，就需要一个最不具有破坏力的人浮出水面,"五贤帝"之首涅尔瓦就是这样成为皇帝的。不过,这一次当选的并不是像涅尔瓦那样的贤者,而是身强体壮却毫无建树的军官约维安。这一结果不但出乎士兵们的意料,也令约维安本人震惊不已。

意外成为皇帝之后,约维安继续率军撤退,可波斯军依旧紧追不舍,最终包围了罗马大军。约维安选择了与波斯人和谈。他把帝国东部的5个边境省份割让给了波斯,换来了他和他的军队安全离开的机会。除此之外,他还与长期在波斯和罗马的夹缝中求存的亚美尼亚解除了盟约,致使亚美尼亚很快就被波斯人占领。

这一"割地求和"的结果,意味着尤里安的流血牺牲完全白费了,让全体罗马人感到耻辱,使约维安迅速失去了人心。但约维安不以为意,他还废止了尤利安的大部分政策,重新确立了基督教的正统地位。从约维安当政开始,到15世纪君士坦丁堡陷落,基督教都是罗马帝国占据主导地位的宗教。

约维安即位8个月之后,被发现死于帐篷之中,据说他是因为误食了毒蘑菇而死的,也有人说他是被炭火熏死的——也就是现在所说的一氧化碳中毒而死。

此后,罗马帝国再次一分为二,西部由多瑙河防线军官出身的瓦伦提尼安一世掌管,东部由瓦伦提尼安一世的弟弟瓦伦斯掌管。他们都是日耳曼人,也就是说,罗马帝国第一次出现了蛮族人出身的皇帝。自此,罗马帝国开始了长达十余年的"纯蛮族化"的统治。

古罗马的学校教育

家庭是社会的基本单元，在古罗马，父亲是一家之主，对孩子具有抚养、教育和生杀大权。在古罗马早期，父亲有权拒绝抚育自己的孩子，因为所有的孩子都具有平等的继承权，而许多家庭往往贫穷得连饭都吃不饱，哪儿还有财产留给很多孩子？因此，即便有父亲把刚刚呱呱坠地的婴儿卖掉、遗弃或杀死，也是合法的。

当然，没有几个父亲忍心不要自己的孩子，因此大多数的罗马儿童还是一天天地成长起来。童年的那段日子，也许是罗马人一生中最无忧无虑的时光了。

结束童年时代之后，男孩子们要追随父亲的步伐前进，为日后成为农民、战士、官员或贵族做准备。假如是农民的儿子，可以跟父亲学习怎么播种、除草、收割；如果是元老院议员的儿子，可以陪父亲进入元老院，提前熟悉一下议员的工作环境；如果是执政官或司法官的儿子，可以坐在父亲旁边聆听父亲是如何回复百姓的问题或求助的，等百姓离开时，他还可以就相关问题发表自己的看法……也就是说，从出生的那一刻起，罗马人的命运就已经被父亲决定好，基本上不会有太大变化。

至于女孩子，一般不可以进入政治场所，也不能参加父亲的凯旋仪式，只能向母亲学习家庭主妇必备的一切技能，比如生火、打水、做饭、纺织、裁缝等。

除了家庭教育之外，孩子们还要接受初等教育。初等教育面向7~12岁的孩子，主要教授认字、阅读、写作、计算等基础知识。初级学校都是民办的，只有场地由政府提供，大多位于大街旁边，条件简陋，甚至连门都没有，与外界只隔着一条门帘。一般来说，只有下层人家的孩子才会进入初级学校读书，家庭条件好的孩子有家庭教师专门指导。有些富贵人家，干脆直接买一些有文化的希腊奴隶来教育自己的孩子。

每天天还没亮，孩子们就不得不起床，去学校接受教育、集体管教或体罚。在西方教育中，体罚学生的现象由来已久，希腊人就经常这么做。古罗马人征服希腊人之后，全盘继承并发扬了希腊人的这一习惯。在古罗马的教育——尤其是初级学校教育中，体罚学生是不可缺少的内容。"学习"一词在拉丁文中的意思，就是"把你的手伸出去接受抽打"。即便是富贵人家的孩子，有时也不能例外，免不了也得吃板子。

关于教师体罚学生的场面，古罗马著名喜剧作家普劳图斯做过一段生动的描写："回到家里，你身穿小外套，面对老师坐在凳子上，读书给他听，如果读错一个字，你的后背就会被他打得像婴儿的围嘴一样色彩斑斓……"因此，在罗马人的心目中，教师的形象一般是手举皮鞭、凶神恶煞的。

为什么体罚学生的现象如此普遍呢？一是由奴隶主们残暴的阶级本质决定的，二是因为这种教育制度本身的落后，三是因为教师社会地位低下，收入非常微薄，自身素质也不高，教育方法不正确。

过度体罚孩子，会让他们对学习产生抵触情绪，变得压抑、沮丧，不利于心理和个性的健康发展。罗马帝国时代的希腊作家普鲁拉克，曾经建议人们要鼓励孩子自由学习，而不是用鞭子强迫他们去学习，但是这种先进的教育理念并没有引起人们的重视。

就是在这样的体罚中，孩子们结束了初等教育，开始面临新一轮的人生抉择。公元前1世纪，很多有条件的家庭会让孩子进入文法学校，学习用途广泛的拉丁语、希腊语，同时接受地理、历史、数学和自然科学等方面的教育。在这一阶段，体罚同样少不了。

文法学校的学习一般需要花3年时间，在这之后一些贵族子弟会进入修辞学校，接受进一步的教育。修辞学校主要开设有修辞学、演讲技巧、哲学、法学、数学、天文学、历史等科目，但主要还是培养演说家、雄辩家。在罗马人看来，无论是从事法律辩护工作，还是担任公职人员，良好的口才都是事业获得成功的有力保障。至于孩子们是否对学业感兴趣，家长们一般是不太关心的。

在接受体罚和教育的过程中，孩子们就这样被打上社会的烙印，最终变成了父母期望的样子。

第十章 罗马帝国分裂

西部帝国轰然倒塌

当皇帝越来越年轻,甚至连婴儿都坐上了皇位时,政权的更迭必定是频繁的。无论古今中外,这样的例子俯拾皆是,公元4世纪的罗马帝国就步入了这样频繁的政权更迭中。

瓦伦提尼安一世成为罗马西部帝国皇帝之后,修筑了一系列的防御工事,并且亲自率军抵御入侵国内的日耳曼诸部落,也算是为了国家不遗余力吧。公元376年,瓦伦提尼安一世去世,他的幼子瓦伦提尼安二世继承皇位。

两年之后,瓦伦斯在抵御哥特人时阵亡,罗马东部帝国由瓦伦提尼安一世的长子格拉提安和青年军官狄奥多西共同治理,他们都深受高级官僚出身的米兰主教圣·安布罗斯的影响,进一步发展了基督教。格拉提安当政时,极力笼络民心,尤其尊重基督教会,甚至下令搬走了元老院里的胜利女神像,因为胜利女神是异教徒的偶像。

公元383年,格拉提安被叛军杀死,狄奥多西成为罗马东部帝国唯一的皇帝。他对哥特人采取了绥抚政策:允许哥特人在罗马帝国境内定居,并准许他们应征入伍、担任官职,暂时稳定了东部帝国边境。公元392年,瓦伦提尼安二世在维也纳死于非命,瓦伦提尼安王朝覆灭，狄奥多西成为罗马帝国唯一的皇帝。

即位之初，狄奥多西像"伊利里亚诸帝"一样，也采取了以蛮制蛮的策略。随后，他就立法承认基督教为唯一的宗教，宣布其他宗教为邪教，禁止一切异教活动，因此被后世冠以"大帝"的称号。

公元395年，狄奥多西大帝在米兰逝世，罗马帝国正式分裂。狄奥多西大帝17岁的长子阿卡迪乌斯掌管东部帝国，定都君士坦丁堡；11岁的次子霍诺留掌管西部帝国，定都罗马。从此以后，罗马帝国再也没有重新统一，哪怕只是名义上的统一。

阿卡迪乌斯5岁就被授予了"奥古斯都"头衔，但也许因为皇位来得非常容易，所以他反而不珍惜，把国务、军务全都交给下属打理，他自己则潜心研习基督教教义。于是，那些得宠的臣子就顺理成章地掌握了东部帝国的实权，以至于在阿卡迪乌斯当政的14年里，东部帝国的人民一直处于黑暗的统治之中，边境地区也经常遭到哥特人的侵袭。公元408年，30岁的阿卡迪乌斯撒手人寰，他7岁的儿子继位，史称狄奥多西二世。狄奥多西二世统治初期，政事由其母优多克西娅代理，东部帝国还算太平。

霍诺留在位初期，大将斯提利科受命掌控西部帝国的军政大权。斯提利科是日耳曼诸部落中汪达尔族酋长之子，在汪达尔族被征服之后来到罗马帝国的大城市塞萨洛尼基（位于今希腊北部），名义上是一名近卫军战士，实则是汪达尔族的人质。由于靠近罗马帝国的权力中心，再加上德才兼备，斯提利科很快就得到了狄奥多西一世的赏识，追随狄奥多西一世参加了很多大规模的军事活动，立下了汗马功劳，而且对狄奥多西一世极度忠诚，因此狄奥多西一世去世时才放心地把霍诺留和西部帝国都委托给了他。

也许是早早地就嗅到蛮族人觊觎罗马的危险气息，霍诺留在公元404年就迁都拉文纳（今意大利城市）。拉文纳位于亚平宁半岛东北海岸，周围有大片的沼泽。年少的霍诺留借助海洋和沼泽的保护，继续过着不问世事的逍遥日子。

不过，随着时光的流逝，年少的霍诺留逐渐长大，他也有了自己的想法，公元408年，他以谋反罪处死了功高盖主的斯提利科。当时，罗马帝国的实力急剧衰落，以西哥特人为首的蛮族势力已经逐步深入帝国内部，幸亏有斯提利科支撑着西部帝国的天空，并一力抵御外敌，才使敌人入侵的脚步放缓了，如今霍诺留扳倒了斯提利科，无异于自毁长城。果然，斯提利科刚死，西哥特人就开始大举南下，最终于公元410年攻陷了罗马城。

自建城1163年以来，罗马城还从未彻底陷落，如今是真正地陷落了。西哥特人首领阿拉里克纵兵在城内劫掠，6天之后才收手。曾经的"世界的首都"罗马，就这样被劫掠一空。随后，西哥特人继续南下掳掠。

不久，阿拉里克病死，他的继任者阿道夫改变策略，迎娶了狄奥多西大帝之女，不再占领罗马本土，而是转战高卢、西班牙等罗马行省，使得霍诺留得以暂时维持对罗马本土的统治。不过，可以想象得出，霍诺留的统治是绝对不会太平的。当时，不列颠行省建立了自治机构，高卢、西班牙、阿非利加等行省多次出现僭主。虽然这些僭主后来都被忠诚的将领们一一歼灭了，但是西部帝国的分崩离析之势已经不可扭转。

公元423年，霍诺留去世，他的外甥瓦伦提尼安三世被扶上了皇位。这位新皇帝当时还年幼，朝政由他的母亲普拉西狄亚一手把持。公元429年，汪达尔人占领了阿非利加行省。又过了10年，他们掌控了西部帝国的实际统治权。至于名义上的皇帝瓦伦提尼安三世，整天过着声色犬马的生活，最终于公元455年被谋杀。

在此后的20年里，罗马西部帝国再次陷入血腥的权力循环之中，先后出现了8位皇帝，其中在位时间最长的不足5年，他们最终都被蛮族出身的将领俘虏、驱逐或谋害。公元475年，拥有日耳曼民族血统的罗马将军欧瑞斯特赶走了皇帝尼波斯，把自己的儿子罗穆路斯·奥古斯都推上了皇位。罗穆路斯·奥古斯都只不过是个孩子，最高统治权实际上掌握在欧瑞斯特手中。

公元476年，罗马军统帅奥多亚克被士兵们拥立为王，他废黜了罗穆路斯·奥古斯都。罗穆路斯·奥古斯都被废黜，是罗马西部帝国灭亡的标志，实质上也可以说是罗马帝国灭亡的标志，因为早在君士坦丁大帝时期，罗马帝国就已经逐步失去了罗马特质，在此后的100多年里，罗马帝国陷入蛮族大举入侵、基督教造成的混乱、罗马人自身的腐化堕落、直接劳动者失去生产兴趣等困境之中，只不过是在苟延残喘而已，至于罗马东部帝国，也只是徒有其表而已，实际上已经与原先的罗马帝国大不相同。西方国家正是以这一年为分界线，宣布进入中世纪。

东罗马的短暂和平

在罗马西部帝国一步步走向灭亡时,东部帝国的形势也越来越严峻。征服了日耳曼各个部落并继续南下的匈奴人,于公元431年入侵了色雷斯行省,还攻打了君士坦丁堡,严重威胁到罗马东部帝国的统治。

中国有这样一句古语:"宁做太平犬,不做乱世人!"这句话形象地强调了和平的重要性。对普通百姓来说,和平的确至关重要,即便太平时期的生活是卑微的,也好过在乱世中过着朝不保夕的日子。这个道理适用于中国人,也同样适用于古罗马人。

当时,不只是黎民百姓,连皇帝也渴望过安稳日子。为了达到这一目的,无力退敌的狄奥多西二世只好被迫答应每年向匈奴人进贡350磅黄金。4年之后,狄奥多西二世又被迫把每年进贡的黄金涨到700磅,并割让了大片领土给匈奴人,还答应在一些边境城市与匈奴人互市。直到公元450年狄奥多西二世坠马而亡,他的姐夫马尔西安继承了皇位,进贡和互市才结束。

马尔西安出生于色雷斯行省,是一位职业军人。在他的统治下,罗马东部帝国有了短暂的稳定,与西部帝国形成了鲜明的对比。不过,他的统治非常短暂,随后狄奥多西王朝也走到了尽头。

公元457年,马尔西安去世,军人出身的利奥被推选为新皇帝，史称利奥一世。利奥一世执政期间，西哥特人、匈奴人、汪达尔人相继向拜占庭帝国（即东罗马帝国，西欧历史学家为了区分古代罗马帝国东半部与中世纪的、希腊化的东罗马帝国，便引入了"拜占庭帝国"这一称呼）用兵，可是都无功而返。公元474年，73岁的利奥一世患痢疾去世，皇位由他年幼的外孙利奥二世继承，可同年年底，利奥二世不幸夭折，其父弗拉维·芝诺成了皇帝。

芝诺统治期间，解除了外敌的威胁，使拜占庭帝国越来越稳固。公元489年，蛮族首领奥多亚克承认芝诺是整个罗马帝国的皇帝，并宣称自己会效忠于芝诺，却没有交出在原西部帝国的权力。

不过，为了能够与罗马人共存，奥多亚克完全保留了罗马帝国现有的统治体系。除此之外，他还在公元488年夺回了被汪达尔人占据的西西里岛。次年，他又在芝诺的支持下打败了东哥特国王狄奥多里克，夺回了被占领的土地。

奥多亚克并没有强大的军事力量，只能调动蛮族出身的士兵，可即便如此，他还是凭借出色的政治才能为原西部帝国带来了17年的和平。在奥多亚克统治期间，蛮族基本上都集中在亚平宁半岛东北部，不敢随意南下掠夺罗马百姓，也没有百姓逃难到拜占庭帝国的记录。当人们的生活都还过得去时，谁还愿意背井离乡呢？也许，对百姓来说，统治者是否是蛮族并不重要，重要的是他们的日子是否和顺。

公元491年，芝诺去世。两年之后，奥多亚克也去世了。随着芝诺和奥多亚克相继去世，罗马帝国的复兴问题也不了了之。幸运的是，这时的原西部帝国不但没有陷入混乱之中，反而在狄奥多里克的统治下继续保持着和平。

当初，狄奥多里克被奥多亚克击败，心里并不服气，多次向奥多亚克挑战，可是双方一直难分高下，于是狄奥多里克改变了策略。公元493年，狄奥多里克借口与奥多亚克和谈，借机进入拉文纳市，于入城之后的第十天杀害了奥多亚克及其妻儿、心腹，理由是奥多亚克意图谋害他。这一结局对奥多亚克一家来说是灭顶之灾，对罗马人来说却没有太大影响，亚平宁半岛基本上还保持太平，只不过是拉文纳的王宫换了一个主人而已。

狄奥多里克登基之后，不但全盘继承了奥多亚克的和平政策，而且执行起来更加彻底。在他的努力之下，亚平宁半岛和西西里的和平得以持续，生产力随之提高，农产品的流通也恢复了，罗马的经济再度发展起来。就连因为战争而不断减少的人口也逐渐增加，并且恢复到两个世纪之前的状况。

就算狄奥多里克的统治有什么遗憾，也寥寥无几。其中一条是：受很多基督教徒的影响，狄奥多里克认为希腊人和罗马人的书籍都对人的精神有害，如果让孩子们阅读这些书籍，孩子们就会受到"污染"，因此他宁可剥夺孩子们通过阅读掌握理解能力、写作能力的机会，也不愿意让孩子们接受罗马式的教育。这么一来，一旦离开能写文章的被统治者罗马人，统治者东哥特人就什么事也办不成了，这无疑是一个莫大的讽刺。除此之外，当基督教教徒发动一次暴动时，狄奥多里克还一改往日的宽容和公正，迫害了许多基督教徒。

公元526年8月30日，狄奥多里克在拉文纳的宫殿里离开了人世。临终时,他心里充满了悔恨,并且有些恐惧,好像已经感觉到潜伏着的危机似的。不过,总体来说,狄奥多里克在为政33年里还是贤明的,原罗马西部帝国也因为他而重新恢复了安定和繁荣。

随着狄奥多里克逝世,原罗马本部帝国维持了半个世纪的和平也悄然溜走,罗马人民再次被刀光剑影笼罩。

伦巴底人统治下的"次等公民"

公元前6世纪中期,罗马王国国王塞尔维乌斯根据财产把人分成了6个等级,造成罗马人生来就不平等;然而到公元6世纪中期,随着蛮族伦巴底人的入侵,全体罗马人都成了伦巴底人统治下的"次等公民"。

伦巴底人是日耳曼人的一支游牧民族,起源于斯堪的纳维亚半岛(位于今瑞典南部),于公元4世纪开始民族大迁徙,公元568年越过阿尔卑斯山,此后逐步占据亚平宁半岛,成为罗马的新主人。

面对外族入侵,拜占庭帝国的新皇帝查士丁二世并没有无动于衷,坐以待毙。不过,他一即位,就得到了一份特殊的"遗产"——他的伯父查士丁尼一世留下的一笔巨额债务,因此他首先还清了欠款,并减少开支、减免赋税,然后才得以应付战事。在伦巴底人翻越阿尔卑斯山时,查士丁二世正忙于与中亚的西突厥联手对付波斯人和游牧民族阿瓦尔人。阿瓦尔人骁勇善战,罗马军根本打不过他们，因此查士丁二世不得不牺牲重金与他们和谈。

这边阿瓦尔人尚未安抚好，那边伦巴底人也来侵袭，不免令查士丁二世急火攻心，可惜他分身乏术，也没有足够的兵力应战。

在查士丁尼一世当政期间，罗马人不但饱受战争之苦，遭遇了地震的袭击，还几乎被一场凶猛的鼠疫打倒。这场瘟疫带走了帝国1/3的人口，使拜占庭帝国一时兵力匮乏，难以迅速得到补充。到查士丁二世当政时，这一问题依然存在。

拼命抵抗了一番之后，查士丁二世最终败下阵来，只能眼睁睁地看着伦巴底人在亚平宁半岛上随意行走或逗留。公元568年，伦巴底人在亚平宁半岛建立了伦巴底王国，只给拜占庭帝国留下了亚平宁半岛南部的一部分作为容身之地，还有拉文纳和罗马之间那条动荡的缓冲带。

不久，亚美尼亚人因为不满于波斯人的暴政，发动了起义，并向拜占庭帝国求助。公元572年夏天，查士丁二世出兵波斯，结果被波斯大军赶了回来，还丢失了很多大城市。在屡次失利的情况下，查士丁二世终于承受不住打击，一时精神错乱。公元574年，皇后索菲娅作为他的代言人跟波斯代表和谈，罗马与波斯人的战争暂告结束。此后，查士丁二世虽然名义上还是皇帝，可是实际上已经隐退，政事由索菲娅和提比略二世打理。

提比略二世是军人出身，因为长相英俊而获得了皇后索菲娅的青睐。查士丁二世精神失常之后，索菲娅设法使他收提比略二世为养子，两个人逐步掌握了政权。公元578年，查士丁二世去世，提比略二世加冕为帝，他在位期间成功地抵御了东部波斯人的攻势，可是在北部和西部战场却屡战屡败，致使伦巴底人占领了更多的拜占庭领土。

公元582年，提比略二世罹患不治之症，临终前从群臣之中选择了莫里斯作为自己的继承人，并把女儿也一道托付给了莫里斯。莫里斯在位期间，与占据着多瑙河的阿瓦尔人展开了斗争，双方不分胜负。至于帝国的各个行省，莫里斯根本无暇顾及。

虽然战乱和瘟疫使罗马人口越来越少，可是食物供应依然不能保证，行省的许多居民都饱受饥饿的折磨，同时还要忍受伦巴底人的欺凌。很多富人不是被屠杀就是被流放，剩余的富人要把收成的1/3交给伦巴底人。

除此之外，这些外国主子还不重视农业，他们把谷物、葡萄和橄榄树的耕作都交给了当地人和奴隶，间接导致当地种植业的衰退。当地居民的地位也越来越低下，甚至没有地位，也许他们名义上比奴隶高贵一些，可实际上连奴隶都不如。没有人关心每天有多少行省人死去，也没有人在意幸存的行省人还能再活几天。

公元602年，多瑙河防线的百夫长福卡斯发起暴动。他率领一支军队挺进君士坦丁堡，要好好收拾一下莫里斯皇帝。在当地群众的支持下，福卡斯顺利地攻下了君士坦丁堡，把莫里斯和他的5个儿子以及那些敌视军队的高层官员全都推上了断头台，成为新皇帝。

然而，福卡斯的统治也没有好多少。在莫里斯被杀之前，没有多少人知道福卡斯是谁，可如今他居然成了皇帝，因此他一登基就引起了贵族和官僚的激烈反对，他们迅速在叙利亚、埃及等东方各个行省挑起内战。福卡斯采取了残酷的杀戮手段，而杀人越多敌人也越多，以至于国内各界都对福卡斯绝望了。公元610年，阿非利加行省总督之子希拉克略适时地站了出来，立刻收到了"一呼百应"的效果，他几乎未遇抵抗就进入君士坦丁堡，处死了福卡斯。延续了92年、多灾多难的查士丁尼王朝至此终结，希拉克略王朝建立。

虽然正统的皇帝换了人，可是伦巴底人依旧势力强盛。一代又一代的罗马人生来就害怕伦巴底人，却不知道为什么，也看不到希望，而且至死也没有逃出伦巴底人的魔爪。

公元700年，利乌特普兰德成为新任伦巴的国王，他修明内政，逐渐征服了处于拜占庭统治下的地区，是伦巴底最伟大的国王。公元773年，伦巴底人被法兰克人征服，至此罗马才摆脱伦巴底人的统治。

虽然伦巴底人最终失去了独立的王国，但是他们对罗马帝国的影响非常深远。他们不但对罗马人进行了长达200余年的高压统治，也留下了很多优良传统，尤其是艺术、语言和法律方面的文化。在侵略与被侵略的过程中，民族大融合也得以实现，虽然实现的过程非常残酷，却也可能是历史的必然。当初罗马帝国对外族的侵略如此，如今外族入侵罗马帝国也是如此。

有时候，不得不承认历史是"无知""莽撞"而又"残忍"的，它不会以人们的美好愿望为出发点，而是完全按照客观的情况走下去，而且无法改变。如果当初查士丁尼一世没有为统一罗马帝国不惜一切代价，也许罗马就不会迅速成为一个空壳子，蛮族统治下的和平也说不定还能延续下去。

罗马的工商业发展

西塞罗认为:"对那些从批发商手中购买商品然后重新出售的人,我们必须蔑视他们,因为他们为了获得利润,总是颠倒是非,而这正是世间最卑劣的事。"除此之外,他还认为,无论是鱼贩子、香料商,还是屠夫、厨师,都是为了迎合生存上的满足而从事相关工作的,都不值得尊敬。许多罗马人也持有同样的观点,这就是商人和工人在古罗马的地位。

罗马社会是以奴隶制经济为基础发展起来的,农业在罗马经济中占据着重要地位。在手工业和商业尚未形成规模时,很多罗马人都把在家务农视为理想职业。在老加图所著的《农业志》中,就有这样一句话:"农业是最清廉、最稳当、最受欢迎的职业。从事农业的人,绝对是善良的……无论是最坚强的人,还是最骁勇的战士,都来自农民当中。"因此,像"好农民""不错的庄稼汉"这种称呼,在当时是对一个人最高的称赞。

然而,那些刚刚走出校门的人并非个个都能自主地选择自己的职业,其中只有一部分人能够从事农业。性别、家庭出身、社会地位等条件的差异,注定他们的人生际遇是不同的。

女孩儿的选择范围比较狭窄,大多数只能选择嫁人这条路,因为无论是商店还是办公室,都没有提供给女人的工作岗位。在罗马帝国时期，倒是有些女教师、女医生，但是她们的人数加在一起少得可怜。在工作方面，女人的地位甚至连奴隶都不如。

相比之下，男孩儿的选择就多了。大多数人会选择务农，但是还有一部分人得负责修建房屋、桥梁、寺庙，或是当屠夫、面包师、厨师、陶工、铁匠、小贩……不然大家住哪儿、吃什么，去哪儿买自己想要的东西，又拿什么去夺取更多的奴隶？所以，在有人类的地方，就有工商业或工商业的雏形存在，只不过人们并没有重视它而已。

早期的工商业是简单的，但是随着罗马的不断扩张，工商业也逐步发展起来。不过，由于起初需求量少、势力单薄，所以在许多罗马人看来，工商业处于从属地位，再加上其中有很多工作都是由奴隶从事的又脏又累的体力活，所以所有的工商业劳动都被认为是不体面的。对工厂主来说，他们使用的是奴隶的体力而不是技能，所有的机器都在不体面的方式下被使用，工厂里没有任何值得自由人尊敬的东西。

虽然罗马人不重视乃至蔑视工商业，但是他们同时也离不开工商业，是工商业让他们有住的、有吃的，并且生活得更好，所以工商业就在自然状态下缓慢地发展着。

成为地中海霸主之后，罗马的版图空前扩大，经济结构也随之发生变化，人们开始把农业和工商业结合起来，通过农庄进行商品生产，与地中海沿岸的其他国家开展对外贸易，从而使商品经济得以快速发展。

在对外贸易中，罗马的出口商品主要有葡萄酒、橄榄油、纺织品、金属器具、陶制品、玻璃器皿、琥珀、宝石等。其中，葡萄酒和橄榄油所占比重较大，据史料记载，它们一度侵占了西班牙和多瑙河流域的广大市场。值得注意的是，罗马有一部分出口商品是利用从东方进口的原料加工而成的，再以高价卖到东方。

罗马人从外国进口的货物，主要有咸鱼、干酪等食品，还有艺术品、丝绸、香料等奢侈品。进口商品琳琅满目地摆在商店里，大大地丰富了罗马人的生活。

在如此发达的对外贸易中，罗马人使用什么作为媒介呢？在东非、阿富汗和印度等地，考古学家发现了很多罗马金币和银币，由此可见，当时罗马人是大量地利用金、银进行交易的。罗马的货币铸造业非常发达，推动了罗马金融信贷业的发展。自公元前3世纪中叶以后，凡是携带本国铸币进入罗马境内的外邦人，都必须把本国铸币兑换成罗马的银币，于是银行兑换业随之诞生。当商业进一步发展时，又出现了主要经营存款、贷款、汇兑和转账等业务的小型钱庄，从这一点可见罗马的金融业有多发达。

发达的海外贸易当然也离不开能够停泊大型船只的港口。早些时候，罗马缺少天然良港，连载重数百吨的船都没地方停靠，根本无法满足罗马日益增长的贸易需求。为了解决这一问题，公元1世纪中期，克劳狄皇帝修建了波图斯人工海港。公元2世纪初期，图拉真开凿了一个可以全天候使用的外港。

对外贸易不但给罗马人带来了源源不断的财富，也养活了许多工人和商人。每天，制造工人、酒商、油商、皮革商、木材商、货栈主、驳船船主、船员、搬运工……全都忙得不亦乐乎。他们之中有许多人都曾经是奴隶。

大量货物源源不断地离开或运抵罗马,大海上的商船可谓星罗棋布……如果早期的罗马人看到这一景象,一定觉得很丢人,但是同时也惊讶得目瞪口呆吧!

随着罗马帝国的衰落,罗马的工商业也受到了影响,发展越来越缓慢,乃至停滞。

第十一章

罗马帝国的终曲

希拉克略王朝改革求存

希拉克略王朝的建立者希拉克略登基之初,面临的首要问题就是如何解决外族入侵。公元611年,罗马人的劲敌波斯人占领了富庶的叙利亚行省,进入巴勒斯坦和埃及,掳走了最神圣的文物——基督教"真十字架"残片,随后又占领了亚美尼亚、两河流域等地,一时之间,所向披靡。公元615年,波斯大将沙辛攻克与君士坦丁堡隔海相望的卡尔西顿,令罗马人民惊恐不已。与此同时,斯拉夫人和阿瓦尔人也从西北方向向拜占庭帝国发起猛烈的攻势,也占领了一部分地区。总体来看,原拜占庭帝国的领土已经丧失了3/4。

领土的急剧丧失很快就导致君士坦丁堡粮食供应不足,希拉克略不得不采取向首都的"罗马公民"分发面包的政策。可是,随着陷落的领土越来越多,连这项政策也很快被迫终止,拜占庭帝国顿时陷入一片混乱之中。

希拉克略的处境非常艰难,只好派遣使者向波斯国王库思老二世求和。库思老二世有"得胜王"之称,在公元602年莫里斯被杀时,库思老二世趁拜占庭帝国内部混乱之际起兵,占领了埃及和耶路撒冷,自恃强大,因此果断拒绝了希拉克略的请求。

然而，希拉克略并非凡俗之辈。即便这时拜占庭帝国已经到了"破产"的边缘，但是希拉克略依然在苦苦支撑。当然，希拉克略也很明白，苦撑并不能从根本上解决问题，早晚有撑不住的那一天，还是得另外想办法，否则就只有等死。为了应对危机，他大胆地进行了军事改革。

他在阿非利加行省、亚平宁半岛等地划分出若干军区，实行了军区制。所谓军区制，实际上就是地方长官一身兼两职，同时具有行政管理权和军事指挥权，相当于中国的节度使。这一制度不但能让全国都处于军队的控制之下，还能加强各个军区的防御实力和机动作战能力。由于拜占庭帝国这时已经四分五裂，容易受外敌攻击，战争已经成了家常便饭，因此实行军区制是非常必要的。

为了得到物质和精神上的支持，他还与财力雄厚、民众基础广泛的基督教合作，请求主教们捐出金银餐具、金银法器，作为"上交"给驻扎在首都附近的蛮族人的"保护费"，并号召全国军民同仇敌忾。没有谁真正想当亡国奴，因此人们纷纷响应他的号召，或出力或出钱。公元622年，拜占庭海军击退了波斯大军，解除了君士坦丁堡之围。在此后3年的对决中，两军胜负不分。

在此期间，阿瓦尔人也没有闲着，他们一直在关注拜占庭帝国的动态。听说希拉克略已经筹集到大约20万磅黄金，阿瓦尔国王想把它们据为己有，于是将"保护费"加倍，甚至兵临首都城下，把城外所有能够带走的东西都搬走了。当时的形势非常危急，幸好罗马军还掌握着制海权，能够及时从外界运来粮食，补充军队的给养，希拉克略最终才打退了阿瓦尔人，使拜占庭帝国得以延续。

帝国内外交困的局势让希拉克略分外忧心，也倍感耻辱。为了扭转这一颓势，他刚刚结束了与阿瓦尔人的战争就与突厥人结盟，向波斯帝国发起了进攻。公元627年，战局发生了根本性的转变。拜占庭军队占领了波斯的军事重镇甘扎克，捣毁了波斯国教拜火教的教祠，吓得库思老二世急忙带着圣火落荒而逃。希拉克略乘胜追击，把库思老二世逼到了泰西封。

俗话说"风水轮流转"，现在轮到波斯帝国内忧外患了。由于外敌入侵，形势危急，库思老二世之子卡瓦德二世发动宫廷政变，杀死了自己的父亲和所有兄弟——据说他的兄弟总共有17人，波斯帝国陷入内乱之中。不久，波斯人就撤出了亚历山大里亚等征服地，并将"真十字架"物归原主，至此拜占庭帝国所面临的危机总算暂时告一段落。

在与波斯人作战的过程中，希拉克略尝到了军事改革的甜头，因此战争一结束他就开始在全国推行军区制。此外，希拉克略还实行了军事屯田制。他把田产分给官兵们，让他们"战时打仗，平时耕地，年终向政府交纳赋税"，不但解决了军饷问题，还增加了收入，促进了小农经济的发展。这一制度的确立，标志着拜占庭帝国已经由奴隶社会向封建社会转变。

正当踌躇满志的希拉克略想要大展宏图之时，帝国东南部却意外地传来了隆隆的战鼓声，入侵者是阿拉伯人。

如果把罗马的劲敌波斯帝国比作夕阳的话，那么阿拉伯王国就是一只初生的猛虎，它在多次战争中以弱胜强，几乎从没有吃过败仗。公元633年，阿拉伯人首次把矛头指向了拜占庭帝国，所到之处得到了"基督一性派"的支持。希拉克略率军抵抗，却没能抵挡住阿拉伯人的攻势，只能徒然对着不断缩小的拜占庭帝国版图叹息。

公元641年2月1日，希拉克略去世，此时巴勒斯坦、叙利亚、约旦和埃及等地区都已经沦陷，成了阿拉伯帝国这个生机勃勃的国家的一部分。从此，拜占庭帝国开始在伦巴底人和阿拉伯人的双重打击下垂死挣扎。

虽然希拉克略晚年败给了阿拉伯人，但是他的功绩并未因此而被抹杀。第一，他对快要被查士丁尼王朝和外族人合力摧毁的拜占庭帝国有再生之功；第二，他建立了军区制和军事屯田制，增强了拜占庭帝国的军事实力。

除此之外，希拉克略还努力通过丝绸之路与许多东方国家建立了外交关系，使拜占庭开始与外界相互融合并与曾经的罗马帝国之间有了明显的文化差异，完成了拜占庭帝国的希腊化（古代地中海世界的"全球化"），也给后来的奥斯曼帝国等中东国家带来了深远的影响。

公元643年，拜占庭帝国的使者来到长安，正式和唐朝建立了外交关系，完成了希拉克略的遗愿。

如果希拉克略没有遇到比他更有冲击力的阿拉伯人，也许他会继续改革，使拜占庭帝国重新焕发生机，然而拜占庭帝国毕竟已经"上了年纪"，怎能抵挡住新生的阿拉伯帝国？与其说在与阿拉伯人的角逐中，失败的是希拉克略，不如说失败的是拜占庭帝国这位"迟暮的老人"。

"希腊火"带来的和约

希拉克略去世之后,他的长子君士坦丁三世和次子赫拉克洛纳斯共同治理拜占庭帝国。不久,君士坦丁三世病逝,赫拉克洛纳斯成了唯一的皇帝,但次年君士坦丁三世的支持者们就废黜了赫拉克洛纳斯,拥立君士坦丁三世年仅11岁的儿子为帝,史称君士坦斯二世。

君士坦斯二世在位初期,得到了元老们的保护和指导,可是他毕竟年幼,没有军政方面的经验,也没有经天纬地之才,连治理国家都困难,更不用说保卫疆土了。公元644年,阿拉伯人把波斯人变成了亡国奴,随后就开始集中精力对付拜占庭帝国。公元655年,君士坦斯二世率领拜占庭舰队与阿拉伯人进行了海战,惨遭失败。幸亏次年阿拉伯国内发生了政变,无暇顾及君士坦丁堡,拜占庭帝国才躲过一场大劫难。

但是,拜占庭帝国这个曾经的大舞台,这时的面积已经变得很小,光线也越来越暗淡。在罗马帝国繁盛时代的那些地位崇高的臣民,如今也只能占据君士坦丁堡的一隅之地而已。普通民众不但要忍受统治者的剥削,还饱受伦巴底人、阿瓦尔人、阿拉伯人的摧残,整个国家危机四伏,随时有可能像罗马西部帝国一样轰然倒塌。

在这种情况下,统治者原本应该励精图治,可是君士坦斯二世为了独霸皇权,以叛国罪处死了自己的兄弟狄奥多西。此举引起了君士坦丁堡臣民的极大不满，因此君士坦斯二世被迫离开首都，定居在了西西里岛的叙拉古。公元668年9月15日，他的侍卫趁他洗澡时杀死了他，他的儿子君士坦丁四世继承了皇位。

公元670年，在阿拉伯哈里发穆阿维叶一世的率领下，一支强大的舰队驶进了地中海，直奔君士坦丁堡而来。然而，4年之后，君士坦丁堡依旧岿然挺立，令阿拉伯人一筹莫展。公元678年，阿拉伯人的舰队再次奔赴君士坦丁堡，结果2/3的船只都被拜占庭舰队摧毁，剩余的船只只好暂时撤退。在撤退时，阿拉伯舰队又遭到了暴风雨的袭击，几乎全军覆没。拜占庭军团乘胜追击，把阿拉伯的步兵军团也打败了，暂时解除了拜占庭的威胁。

自从与拜占庭开战以来，阿拉伯人还是第一次惨败，但是在事实面前，他们也不得不低头，于是，双方签订了为期30年的和约。

拜占庭帝国原本已经处于风雨飘摇的境况之中，此时何以反败为胜，首次成功地击退了阿拉伯人对君士坦丁堡的围攻呢？因为拜占庭人最近发明了一件秘密武器——希腊火。

这是一种类似于火焰喷射器的先进武器，喷出来的物质一遇水就燃烧，被称为"流动之火"，主要应用于海战之中，对战船具有极大的杀伤力，令多年以来一直所向披靡的阿拉伯人也不禁胆战心惊，屡屡帮助拜占庭大军化险为夷。

它之所以得名"希腊火"，主要是因为它得益于希腊神秘的炼金术。但由于拜占庭人极端保密，因此其配方鲜为人知，至今已经失传，人们只能猜测其主要成分可能包括易燃的猛火油、原油、硝石、硫黄等，也无法验证其威力到底有多大。不过，据后来被希腊火所伤的人所述,每当罗马人使用希腊火时,士兵们都只能屈膝跪下,祈求上帝来拯救自己。

也正是凭借这件独门武器,拜占庭帝国才得以继续掌握地中海的制海权,并保持地中海上的商业活动不受威胁。

不过,即便是令人闻风丧胆的秘密武器,也只能减缓拜占庭帝国衰亡的速度,而不能解决拜占庭帝国的根本矛盾。

公元685年9月,君士坦丁四世患痢疾而死,他16岁的儿子查士丁尼二世继承了皇位。查士丁尼二世权力欲极强,渴望像查士丁尼一世一样开创一番大业。他有谋略、有魅力,在他的统治之下,拜占庭帝国有过一段时间的安定和繁荣,但是他也非常残忍、专横、任性,这些缺点最终使他失去了民心。执政第十年,他被伊苏利亚将领列昂提推翻,逃到了保加利亚。

在此后的22年里,拜占庭帝国的皇帝更换了6次(其中包括查士丁尼二世的一次复位),濒于无政府状态。公元717年,末代皇帝狄奥多西三世被叙利亚军官利奥三世废黜,维持了107年的希拉克略王朝走到尽头。

这时的拜占庭帝国,版图已经缩小到君士坦丁堡及其周边地区、色雷斯东部、少数希腊港口、亚平宁半岛南部和西西里岛。在亚平宁半岛南部和西西里岛上,还聚集了从巴尔干、希腊等地逃过来的上万难民,以及数十万为逃避战乱而来的基督徒。

终结希拉克略王朝的利奥三世能否带领拜占庭帝国走向光明?摆在罗马人面前的,是一条未知的路。

牧民出身的利奥三世

在社会动荡等特定的历史条件下，有才之人发挥聪明才智的机会增加，又有无数平庸之人的衬托，因此更容易凸显出来。不幸生于战乱时期但又"生逢其时"的利奥三世，正是这样一位英雄。

利奥三世原本是位于小亚细亚行省南部伊苏里亚的一个牧民，早年曾经协助查士丁尼二世复位，并且进献了很多牲畜给政府，因此得到赏识，然后像许多罗马皇帝一样因军功而步步高升，官至小亚细亚军区司令，成为小亚细亚的新兴军事贵族。而一个人官位越高，往往野心也越大。有些人的野心只是想满足自己的权力欲，有些人则是为了实现政治抱负。利奥三世属于后者，只是苦于没有机会一展身手而已。

公元716年，阿拉伯人兵分水、陆两路，再次围攻君士坦丁堡。这一次，阿拉伯人的大举进攻好像是专门为利奥三世铺设锦绣前程似的。当时的皇帝是狄奥多西三世，他面对敌军束手无策，于是利奥三世就在士兵们的拥戴下自立为王，主持了君士坦丁堡保卫战。

君士坦丁堡被围困了一年多，但是由于它的防御工事修筑得非常坚固，以及利奥三世的沉着应战，因此阿拉伯军始终未能靠近它。公元717年，狄奥多西三世被关进修道院，利奥三世正式登基为帝。

次年，阿拉伯海军误中利奥三世的诱敌之计，进入君士坦丁堡港，结果遭到希腊火的袭击，许多战船被烧毁，官兵也损失了很多。除此之外，严寒的冬季和可怕的瘟疫也来"凑热闹"，以至于阿拉伯军大量减员，军心动摇，有一部分水兵甚至发动了叛乱。利奥三世抓住有利时机，向阿拉伯军发起了突袭，仅在亚德里亚堡之战中就歼灭了两万多名阿拉伯官兵。阿拉伯国内立即派出两支增援舰队，可是这两支舰队也不敌拜占庭海军，被打得落花流水。曾经烜赫一时的阿拉伯军就这样全线溃败，以致少数幸存的官兵不得不撤退。

据说，在这场战争中，阿拉伯总共损失了15万人，战船被摧毁殆尽。这些数据未免有些夸张，不过结果是毋庸置疑的，那就是利奥三世在危急关头挽救了拜占庭帝国。因此，利奥三世赢得了"拜占庭的大救星"这一殊荣，确立了伊苏里亚王朝的统治。

利奥三世来自社会底层，对拜占庭帝国的弊端具有非常清醒的认识，认为当务之急是振兴帝国，再逐步解决帝国的根本矛盾，因此，在获得了"大救星"的殊荣之后，他并没有骄傲自满，而是立刻着手进行改革。他竭力整顿税收，改革参政制度，完善军区制，改善了官兵的生活条件……但是，无论在任何领域，他都感觉到一股强大的阻力，有时候甚至寸步难行。很快，他就发现了这股阻力的来源——基督教。

在希拉克略王朝末期，由于阿拉伯人的入侵，拜占庭帝国的领土大量流失，叙利亚、埃及、迦太基等地相继沦陷，很多基督教徒为了继续享受"免税权"等特权，纷纷从被占领区涌入拜占庭帝国内地，像蛀虫一样啃噬着已经大幅缩水的拜占庭帝国。他们占有了大量的土地，并残酷地剥削依靠土地生存的居民，致使帝国的大量财物都聚集到修道院或教士家里。有资料显示，这时的拜占庭帝国有一半的土地都被教会霸占，政治安全受到严重的威胁，经济发展也遇到了极大的阻碍。

除此之外，这时的基督教也不再像早期一样强调精神信仰，而是逐渐走上了偶像崇拜的道路，开始供奉起圣像和圣人遗骨来。一些愚昧的平民认为对圣物顶礼膜拜能够趋吉避凶，因此不再像以前一样辛勤劳动，而是经常往教会里跑，并且献上自己的血汗钱。这么一来，修道士们只需坐着就有人给他们送钱，而平民却越来越贫困。

要想振兴帝国的经济，增加帝国的税收，利奥三世必须拿富可敌国的教会开刀，重新分配土地，没有第二个选择。然而，经过多年的发展，基督教已经树大根深，并不那么好对付。虽然教徒们不会打仗，不能保家卫国，只会压榨人民，但是他们也不可能轻易把自己兜里的钱掏出来给别人。

摆在利奥三世面前的，是一根"难啃的骨头"。可是，无论是多么强大的事物，都会有弱点，基督教也不例外。能够为修道士们带来滚滚财源的偶像崇拜，正是他最大的弱点。自从有了对各个圣徒的偶像崇拜，信徒们就开始尊崇自己信奉的圣徒，而无视甚至贬低其他圣徒，造成了信徒之间的分歧，令基督教陷入多神论的困境，这一点引起了许多修道士对偶像崇拜的不满。于是，利奥三世就从这一点入手，与教会争权夺利。

公元726—730年，利奥三世两次发布诏令，禁止供奉圣像，向教会下了第一道宣战书。随后，他又派人捣毁了现有的圣像，"破坏圣像运动"拉开序幕。这对修道士们来说无异于晴天霹雳："没有圣像，就没有人来送香火钱！我们吃什么？难道还得亲自耕种土地？"教皇对此也非常不满，表达了强烈的抗议。但是，这些都无法阻止运动的进行，因为与此同时利奥三世还没收了修道士的田产，并把它们分给了军队和贵族，得到了军队和贵族的鼎力支持。

失势的修道士们深知：为数众多的平民一旦被利用就能发挥可怕的威力，于是极力煽动平民起来反对利奥三世的统治。平民往往善于同情失势者或是跟他们一样弱小的人，而不太计较那些人是否曾经伤害或压迫过自己，再加上他们并没有分到土地，因此一经煽动就激动不已，纷纷爆发了起义。

面对这些起义，利奥三世动用铁腕，很快就稳定了局势。教皇圣格列高利二世得知这一消息非常恼火，采取了暂时停止收缴贡赋、与伦巴底人媾和等对策来反对利奥三世。利奥三世毫不理会，继续推行自己的政策，并且对那些带头闹事的修道士采取了罢黜、没收财产等处罚手段。

在勤于内政的同时，利奥三世也没有放松对外敌的防御。他执政后期，再次重创了阿拉伯人，使他们一时无法再向拜占庭帝国扩张，同时也巩固了军区制，加强了拜占庭帝国的军事实力。

由山民开创的一段神话——马其顿王朝

纵观古今中外的历史，你会发现政权的更迭往往是因为暴政或是动荡的局势引起的。不过，仅仅维持了47年的弗里吉亚王朝是一个例外，它的覆灭纯粹是宫廷政变的结果。取而代之的，是一位由山民出身的军官开创的马其顿王朝。

马其顿王朝的创立者是巴西尔一世，他的父母都是亚美尼亚山区的农民，由于他幼年时曾经被入侵马其顿军区的保加利亚人掳走，跟马其顿人关在一起，因此有了"马其顿人"这一绰号。后来，他逃回拜占庭，成了狄奥斐卢斯家里的一名马夫。不久，他参加了一场摔跤比赛，因为表现突出赢得了米海尔三世的青睐，开始负责保护皇帝，从此飞黄腾达。

米海尔三世没有子女，但是为了不至于制造丑闻，他也没有休妻再娶，而是把他心爱的女人英格里娜嫁给了巴西尔一世，并收巴西尔一世为养子，但是并没有与英格里娜断绝来往，因此有人猜测，巴西尔一世的儿子利奥实际上是米海尔三世之子，米海尔此举是为了将来利奥可以继承皇位。不过，在这之后，米海尔三世又开始信任其他人，令巴西尔一世深感不安，因此巴西尔一世派人暗杀了米海尔三世，成了新皇帝。

巴西尔一世在位时，面临着严重的内部威胁，即军事力量强大的基督教异端派别保罗派在幼发拉底河上游建立了泰夫里卡共和国，摆脱了巴西尔一世的统治，并与阿拉伯人结盟，把拜占庭帝国在亚洲的统治摧毁殆尽。公元872年，巴西尔一世的女婿克里斯托夫打败了保罗派的军队，保罗派从此衰落。

在这一时期，封建制已经形成，大地主剥夺了自由农民的土地，致使自由农民纷纷沦为农奴。为了保证税源和兵源，巴西尔一世不得不放弃向小农征收荒地税的想法，被迫保护小农利益，并扶持工商业。

在对外政策方面，巴西尔一世关注的焦点是与阿拉伯帝国的斗争。他努力提高战斗力，打得阿拉伯人节节败退，收复了克里特岛、塞浦路斯岛、叙利亚、保加利亚等地。借助于拜占庭帝国的征服和传教活动，东正教得以广泛传播。

公元886年的一天，巴西尔一世带着一群随从去狩猎，不料衣服带子绞在了鹿角上，被鹿拖行了很远，一名侍卫情急之下用刀砍断了他的衣服带子，救了他一命，他却怀疑这名侍卫意图行刺他，下令处死了这名侍卫。这次事故之后不久，巴西尔一世就去世了，他的儿子利奥登基，史称利奥六世。

利奥六世一出生就被人怀疑身世不清白，因此巴西尔一世并不喜欢他，他也讨厌巴西尔一世，有人甚至怀疑巴西尔一世的死很可能与他有关。利奥六世在位时，在保卫疆土方面屡次失利，弄丢了多瑙河以南的大片土地，但是创作过许多神学著作、诗歌，因此更像是一位杰出的文人而不是皇帝。

公元912年，利奥六世败给了撒拉逊人，郁郁而终，他的儿子君士坦丁七世登基为帝。也许是受父亲利奥六世的影响，君士坦丁七世也潜心学术。为了能够亲自参加学术活动，他任命他的岳父罗曼努斯为共治皇帝，并把所有的政务都交给了罗曼努斯。君士坦丁七世著有《巴西尔一世传》《帝国行政论》《论拜占庭宫廷的礼仪》等著作，成了这一时期文化学术运动的领军人物。

罗曼努斯一心打理政务，倒是没有野心，但是他的儿子们截然相反，他们急于继承皇位，因此赶走了罗曼努斯。虽然君士坦丁七世沉迷于学术，但他并非没有治世之才，在确知民众普遍拥护他之后，他果断地收起书本，把罗曼努斯的儿子们都赶出了拜占庭帝国。此后，他独自统治，直到公元959年去世。

公元959—975年，先后有4位皇帝登基，政局并不稳定，直到次年巴西尔二世即位，拜占庭帝国才再次步入正轨，走上繁荣的道路。

巴西尔二世是君士坦丁七世的孙子，他继位之后首先平定了长达3年的叛乱，随后采取了一系列加强中央集权的政策，以压制势力过大的小亚细亚贵族。小亚细亚贵族被触怒，于公元987年自立为王，很快就成了整个小亚细亚的新主人，只给巴西尔二世留下了君士坦丁堡这一小块立足之地。巴西尔二世被逼入绝境，但是在这一危急关头，他的潜能也被激发出来了。他充分利用自己占据资金充裕的首都、具有正统地位这两大优势，以及自己的妹妹安娜公主，成功地与基辅罗斯大公国——一个于9世纪中叶在东欧平原上兴起的小国结成了同盟，终于平定了这次叛乱。

稳定了内部政局之后，巴西尔二世把目光转向了亚洲西部，收复了自阿拉伯人兴起以来就被占领的叙利亚，以及被保加利亚人占领的原本属于拜占庭帝国的大片领土，还消灭了保加利亚王国，占据其所有领土达168年之久。为了恐吓保加利亚人，巴西尔二世命人把99%的保加利亚战俘刺瞎，让剩下的1%的战俘把他们领回家，因此像君士坦丁五世一样得到了"保加利亚屠夫"这个外号。除此之外，巴西尔二世还成功地抵御了外敌对克里米亚半岛南部的进攻，把格鲁吉亚的一部分划入了拜占庭帝国的版图，并且使被外族长期占据的亚美尼亚再次回归拜占庭帝国。

1025年，巴西尔二世在出兵收复西西里岛的途中逝世，留下了一个强大的帝国。这时，除了埃及和西西里岛之外，原拜占庭帝国的领土都被收复了。他的一生几乎都是和他的军队一起度过的,他死后也被葬在他的骑兵训练营里,是一个为了拜占庭帝国奋斗终生的军人,因此人们称其为"军队之父"。

巴西尔二世终身未婚,也没有私生子,皇位由他的弟弟君士坦丁八世继承。君士坦丁八世这时已经65岁,他即位之后整天沉湎于酒色之中,在位3年里把国家大事都交给了官僚和贵族,直到弥留之际才草率地把皇位传给了他的女儿佐伊。在此后的25年里,拜占庭帝国由佐伊女皇和她妹妹狄奥多拉女皇,以及佐伊女皇的3任丈夫共同治理。在这些才能平庸的皇帝的统治之下,拜占庭帝国一步步走向衰落。1057年,军官艾萨克·科穆宁自立为帝,攻陷了君士坦丁堡,马其顿王朝宣告终结,这段由山民开创的神话随之结束。

因为巴西尔二世,马其顿王朝在军事上创造了一个黄金时代;有了君士坦丁七世,马其顿王朝也迎来了学术、文化上的盛世。虽然马其顿王朝结束了,但是它充分地发挥了拜占庭帝国务实、尚武、狡诈的个性,使东欧各个蛮族在它的统治之下逐步变得文明化,并且建立了属于自己的国家,这虽然是拜占庭帝国的没落,却是时代的进步。

罗马皇帝和教会的百年纷争

公元741年6月,利奥三世去世,皇位由他的儿子君士坦丁五世继承。君士坦丁五世生于公元718年,他在受洗时弄脏了圣水,因此有了"臭虫"这个外号。他继承了先皇的遗志,重整军制,努力抗击威胁拜占庭帝国的外敌,并于公元751年击败阿拉伯人,收复了小亚细亚和叙利亚的部分地区。经过他和他父亲两代人的努力,拜占庭帝国的国力迅速恢复。

除此之外,君士坦丁五世还采取了更加激烈的手段来对付修道士,使破坏圣像运动达到了高峰。他这么做既是出于整体利益考虑,也有个人原因。

公元742年,为了抵御外敌,君士坦丁五世率军进攻阿拉伯人,没想到在途经小亚细亚时,他的姐夫兼近卫军首领阿尔塔瓦兹德竟然袭击了他,并且率军进入君士坦丁堡,宣布停止破坏圣像运动,得到了大教主和摄政王的拥护,成功篡位。幸亏有小亚细亚军区以及那些拥护破坏圣像运动的人的支持,他才夺回了皇位。随后,他就开始清理帮助阿尔塔瓦兹德篡位的人——圣像崇拜者,以绝后患。

阿尔塔瓦兹德的双眼被挖了出来。大教主挨了一顿皮鞭,然后头朝后被捆在驴背上示众,不过总算保住了一条老命。随后,大量的圣像艺术品被焚毁,教堂的墙壁上雕刻的圣像也被石灰水洗掉,许多修道士和修女被迫害,甚至连为基督教徒祈祷也成了异端行为……

这一运动不但沉重地打击了基督教,也激起了社会矛盾,使帝国上下都被一种不安的情绪笼罩着。更糟糕的是,祸不单行。公元746年,地中海东部沿岸发生大瘟疫,并迅速在整个帝国蔓延开来,致使拜占庭人和希腊人大量死亡,许多地区都成了无人区。还没等疫情完全被控制,主要分布在欧洲大陆的斯拉夫人就乘机涌入,在那些无人区上定居了。

即便如此,君士坦丁五世也依然没有放松对修道士这只"社会蛀虫"的打击。公元753年,他开展了大规模的"宗教大扫除":没收修道院财产,并将其改造成军营;强迫修道士还俗、娶妻生子等。为了把破坏圣像运动进行到底,以巩固自己的统治,君士坦丁五世还对一些过时的法律条文进行了改革,规定审判无报酬,富人和穷人在公堂上是平等的,还解除了一些囚犯的死刑,用鞭打、断胳臂、割鼻子、挖眼睛等体刑代替。

当然,身为皇帝的君士坦丁五世也知道自己的主要职责是保持国家安定,因此他还是把主要精力放在了防御外敌上。公元762年,保加利亚人大举向西南方向迁徙,妄图把拜占庭那些肥沃的土地据为己有,君士坦丁五世立即兵分水、陆两路,挺进了保加利亚境内,大获全胜。从此以后,保加利亚人就陷入长达40年的内乱之中,并在拜占庭人的收买或离间之下互相残杀。

在此期间,保加利亚汗王曾经多次向拜占帝国发起进攻,可是每次都被自己人出卖,以失败告终。公元773年,数万保加利亚士兵被俘,君士坦丁五世把他们全都处死了,因此人们也称其为"保加利亚屠夫"。因为长年过度用兵,保加利亚已经无力继续与拜占庭帝国争锋,只好与君士坦丁五世签订了为期30年的和约。

公元775年9月14日,君士坦丁五世因病去世。他是一位智勇双全、工于心计的战略家,如果不是因为他反对偶像崇拜的举措不得人心,他也可以算作一位好皇帝。

君士坦丁五世去世之后,他的儿子利奥四世继承了皇位。利奥四世在位5年就去世了，临终前把皇位传给了10岁的儿子君士坦丁六世，并指定妻子伊琳娜为儿子唯一的监护人，言外之意就是把儿子和国家都托付给了伊琳娜。

伊琳娜摄政期间，恢复了偶像崇拜。君士坦丁六世成年之后，伊琳娜依然不肯放弃最高统治权，因此于公元790年被军队推翻并逮捕，两年之后被君士坦丁六世释放，再次成为共治皇帝。充满野心的伊琳娜并不甘心就此失去权力，因此她刻意培养儿子的恶行，以便她能在公众场合谴责他，让他失去民心。她的阴谋得逞了。君士坦丁六世掌权之后，在对外战争中屡次失利，对内则非常残暴，无论是反对他还是支持他的人，都有可能成为他的刀下之鬼。除此之外，他还与皇后离婚，引起了教会极大的不满。公元797年的一天，君士坦丁六世在睡梦中被伊琳娜派去的人挖去了双眼，随后被废，伊琳娜取而代之。

公元800年，天主教教皇利奥三世为了对付在罗马的敌人，为法兰克国王查理曼加冕，册封其为"神圣罗马皇帝"。查理曼在行政、司法、军事、经济、教育等方面都有杰出的表现，还建立了囊括西欧大部分地区的法兰克王国。为了使自己罗马皇帝的称号合法化，以促成东、西两大帝国的合并，进一步扩大自己的疆域，查理曼有意娶伊琳娜女皇为妻，因此派使者前去求婚。

而在东正教会等"异端"宗教看来，教皇利奥三世此举无疑是对拜占庭帝国和其他教会的极大侮辱，因此拜占庭帝国内部再次出现了激烈的宗教派别之争。公元802年10月，贵族们联合发动宫廷政变，废黜了伊琳娜女皇，伊苏里亚王朝灭亡。

伊琳娜被废之后靠纺纱度日，次年病死。由于她热衷于恢复圣像崇拜，并且实施了一些政策来保护修道院，因此被修道士们称为"圣伊琳娜"。

伊苏里亚王朝终结之后，拜占庭帝国先后经历了4位皇帝、总计18年的统治。在此期间，皇帝和教会的斗争依然在继续，权力更迭频繁。

公元820年12月25日，皇帝利奥五世因为重新开展了破坏圣像运动死于非命，近卫队队长米海尔二世登上皇位，开创了弗里吉亚王朝。

米海尔二世在位期间，阿拉伯人再次入侵西西里岛和克里特岛，因此破坏圣像运动相对缓和，许多被前朝流放的修道士都被赦免。

在米海尔二世之后继承皇位的是狄奥斐卢斯，他是米海尔二世之子，他对内实行有效的财政政策，加强了军队建设，并且注重学术教育；对外长期与阿拉伯人斗争。他和米海尔二世的统治使拜占庭帝国再次焕发了生机。可是，他同时也掀起了第二次破坏圣像运动的高潮，再次给修道士们带来了灭顶之灾。

公元842年，狄奥斐卢斯去世，米海尔三世登基为帝。米海尔三世受母亲狄奥多拉皇后的影响，也相信圣像有神力，因此于次年立法反对破坏圣像的行为，跨越了两个王朝、持续了117年的破坏圣像运动终于宣告结束。

这场由利奥三世发起的运动看似失败了，却取得了实际意义上的胜利。在此期间，拜占庭帝国在政治、经济和军事上的力量都不断增强，已经从公元6—7世纪的不断衰退之中再度雄起。

占星术与基督教

罗马人崇拜神灵,即便是在权力达到顶峰时,他们依然对世界各地的神灵膜拜有加,并把它们都迎接到了罗马城,当成自己的神来供奉。

到了共和时代末期,一些既聪明又有教养的罗马人好像不再相信这些神灵真的存在,但他们同时也认为,让民众继续相信这些神灵也未尝不是一件好事,至少可以让民众有个精神寄托,因此他们修建了庙宇,把众神的塑像摆在里面,供民众膜拜。

不过,罗马神庙的最大用途,好像并非为膜拜活动提供场地,而是存储钱财。在征服其他民族的过程中,罗马人收获了大量的战利品,像是珠宝、刺绣、金银器皿、铜器、画作等财物,多得不计其数。要如何妥善保管这些财物呢?罗马人为此伤透了脑筋,不过他们很快就想到了神庙。在神庙里挖个地窖,把金银珠宝藏进去,是再安全不过了,因为神庙可是神圣之地,谁敢觊觎?

这种想法确实不错。前来神庙膜拜众神的民众,虽然各自怀着不同的动机,但是有一点是相同的——虔诚。他们不但来神庙拜神,还像供奉祖先一样,在家里摆了灶神、门神、花木神、丰收之神等家宅诸神的塑像。他们相信,万物有灵,每个神的法力和管辖范围都是特定的,都值得相信。也正因为相信"万物有灵",他们做事时才特别虔诚、谨慎,以免亵渎神灵,招来神灵的惩罚。

由于相信神灵的存在,人们普遍认为自己的命运是掌握在神灵手中的,而且迫切地希望预知自己的未来,于是占星术应运而生。

所谓占星术，就是根据一个人出生时天空中星宿的位置来推断他以后的人生轨迹。在老一代贵族看来，占星术根本就是无稽之谈。公元前139年，罗马执政官甚至下令将所有的占星家都赶出了罗马。但是，对一直都无力改善赤贫生活的普通民众来说，占星术等迷信活动无疑具有极大的诱惑力——它让人们看到了希望，因此充斥着欺骗和荒谬的占星术就这样在夹缝中存活了数百年。

罗马帝国建立之后，对天光之神密特拉的崇拜逐渐成为一种风尚。密特拉原本是东方的雅利安人的崇拜对象，据说它能够保佑虔诚的信徒荣登天堂，因此到了公元2世纪，连罗马政坛的高层人物以及那些有教养的人士也逐渐接受了密特拉崇拜。但此后不久，密特拉崇拜就走到了生命的尽头，因为它礼节烦琐，而且把女人拒之门外，使信徒人数受到了极大的限制。基督教兴起之后，密特拉崇拜就迅速被取代。

基督教最早出现在犹太下层群众中间，它是犹太民族反抗罗马暴力统治的产物。公元1世纪中期，罗马人侵占了犹太人居住的巴勒斯坦，崇尚自由的犹太人屡次奋起反抗，都遭到了血腥的镇压，许多人被杀戮或流放。幸存的犹太人承受着国破家亡、复国无望的痛苦，结成了一些秘密组织，试图在精神上寻求一丝慰藉。基督教就是在这些秘密组织中逐渐成长起来的。

基督教教导人们要仁慈、宽容、博爱、坚忍、蔑视苦难，并坚信自己必定能够经由上帝的救赎而获得永生……总之，它不但有自己的特色，还具备了罗马的传统信仰、巫术迷信和其他外来宗教的全部优点，而且非常宽容——并没有拒绝拯救女人，也没有那么多繁文缛节。因此，它一诞生就迅速传播开来，成为罗马社会的一支不容忽视的新生力量。

早期的基督教,具有反对民族压迫的斗争精神,宣扬阶级对立的思想,拒绝朝拜罗马皇帝,也不愿意服兵役,还认为富人根本无法上天堂……这种激进的反叛思想引起了罗马统治者的强烈恐慌,为了阻止这种反叛思想传播下去,统治者多次大开杀戒,迫害了许多教徒,还禁止教徒集会、礼拜。

虽然遭到了残酷的政治迫害,但是信徒众多的基督教并没有被打垮,因为它生来就具有空想和自我麻醉等特征,能够不断改变教义以适应不断变化的环境,当反对阶级压迫、争取民族独立的思想受到压制时,逆来顺受、寄希望于来世的消极思想就逐渐占据了上风。最令人困惑的是,它甚至还宣扬君权神授、提倡服从统治者,让教徒甘当顺民,但也正是这一点让基督教获得了重生并发扬光大。

聪明的罗马统治者发现,基督教的适应能力是那么强,信徒又那么多,任何政治力量想要消灭它,都是不理智的。于是,统治者们立刻改变了策略,转而开始笼络基督教,试图把它变成统治人民的思想工具。公元 313 年,统治者终于赋予了基督教以合法地位,并开始大力扶植它。

在罗马统治者的扶植下,基督教最终成了罗马帝国的国教,此后又逐渐发展为世界性的宗教,给人类带来了深远的影响。如果当初罗马人没有接受基督教,说不定基督教至今还是中东地区的一个微不足道的宗教,甚至根本不为外人所知。

基督教在罗马帝国大行其道,而其他宗教却遭到了残酷的迫害,罗马人长期以来信奉的多神教也遭到了镇压——众神的雕像被毁掉、丢弃。